Hof

Köstlich essen bei Laktose-Intoleranz

Christiane Hof

Köstlich essen bei Laktose-Intoleranz

Über 140 Rezepte:
Milchzucker einfach meiden

TRIAS

Liebe Leserinnen und Leser

Sie halten dieses Buch in den Händen, weil Sie wahrscheinlich vor nicht allzu langer Zeit mit der Diagnose Milchzucker-Unverträglichkeit oder – wie der Mediziner so schön sagt –, Laktose-Intoleranz konfrontiert wurden. Nun sollen Sie Ihre Ernährung umstellen und wissen nicht, wie Sie anfangen sollen. Beim Durchforsten Ihres Küchenschranks stellen Sie fest, dass in vielen Produkten wie Gewürzmischungen, Gemüsebrühe, Ketchup oder Tomatensauce Laktose steckt. Laktose ist nicht nur ein günstiger Emulgator oder Stabilisator für die Lebensmittelindustrie, auch hinter dem Begriff »Aroma« ist er oftmals verborgen.

Verständlicherweise sind Sie irritiert und fragen sich: »Was darf ich denn überhaupt noch essen?« Zunächst einmal heißt es, mit alten Gewohnheiten brechen. Natürlich ist das unbequem, aber so haben Sie die Chance auf einen Neuanfang. Die Zukunft kann für Sie bedeuten: keine Bauchschmerzen mehr, kein Völlegefühl und kein Durchfall. Sicher, Sie müssen sich umstellen, aber die deutlich bessere Lebensqualität in einem milchzuckerfreien Leben wird Sie reichlich entschädigen. Krempeln Sie die Ärmel hoch, schaffen Sie sich in Ihrem Reich eine laktosefreie Zone und reduzieren Sie die Menge, wo es geht.

Ziel und Zweck dieses Buches ist, Ihnen zu Beginn mit Rezepten und einigen Ratschlägen zur Seite zu stehen. Sie werden schnell lernen, auf was Sie achten müssen, wenn Sie das nächste Mal einkaufen gehen. Deshalb gibt es im Buchumschlag eine Liste von gängigen Nahrungsmitteln ohne Laktose, die genau auf die Rezepte dieses Buches abgestimmt ist. Es ist nur eine kleine Auswahl, aber für den Anfang ausreichend. Ferner finden Sie im vorderen Teil des Buches das notwendige Grundwissen zu Ihrer Unverträglichkeit.

Keine Sorge, Sie müssen keine spezielle Diät für sich alleine kochen, die ganze Familie kann und darf mitessen. Die Rezepte in diesem Buch sind in der Regel komplett milcheiweiß- und laktosefrei. Sollten Sie keine Milcheiweißallergie haben, dürfen Sie die angegebenen Milchersatzprodukte gegen Kuhmilchprodukte austauschen, in denen die Laktose bereits aufgespalten ist, also z. B. die Minus-L-Produkte. Da eine Laktose-Intoleranz gerne mit einer »Glutenunverträglichkeit« vergesellschaftet ist, sind die weizen- und glutenfreien Rezepte für Zöliakie- bzw. Spruepatienten entsprechend gekennzeichnet.

Also: Kopf hoch, Sie sind mit Ihrem Problem nicht allein: Wenn man die Weltbevölkerung betrachtet, sind viele Menschen betroffen. Sie werden merken, es geht auch ohne Laktose. Der Gefahrenhinweis: »Achtung, mögliche Laktosequelle« ist sicherheitshalber noch einmal unter vielen Rezepten aufgeführt, er dient dazu, Sie für »Laktosefallen« zu sensibilisieren.

Nun wünsche ich Ihnen ein gutes Gelingen und viel Spaß beim Kochen!

Christiane Hof

Im Herbst 2012

Laktose-Intoleranz, was ist das überhaupt?

Laktose ist ein Kohlenhydrat, geläufig auch als Milchzucker. Als ein sogenanntes Disaccharid (Zweifachzucker), spaltet es der Körper normalerweise bei der Verdauung mithilfe eines Enzyms (Laktase) in die Zuckermoleküle Glukose und Galaktose auf. Die Laktose-Intoleranz entsteht durch einen Mangel oder das Fehlen von Laktase, welches der menschliche Körper selbst produziert.

Fehlt das Enzym Laktase, wird Laktose im Darm nur unzureichend gespalten. Weil die Bestandteile Galaktose und Glukose von den Mukosazellen des Dünndarms nicht aufgenommen und abtransportiert werden können, kommt es zu Fäulnis und Gärung der Laktose im Darm. Der Bauch wird aufgebläht, es entwickelt sich ein Völlegefühl. Durchfall und Verstopfung können die Folge sein. Eine Laktose-Intoleranz ist nicht mit einer Allergie zu verwechseln, da es sich nicht um eine Abwehrreaktion des menschlichen Körpers auf körperfremde Eiweiße handelt. Es kommt eben nicht zu einer Immunreaktion des Körpers gegen die Eiweiße, die zu Heuschnupfen, Nesselsucht, Migräne bis hin zum lebensbedrohlichen anaphylaktischen Schock führen kann.

Die normale Funktion des Darms ist bei einer Laktose-Intoleranz eingeschränkt. Im schlimmsten Fall kommt es durch ständige Fäulnis und Gärung zu Blutungsherden im Darm. Die natürlichen Darmbakterien werden durch diesen Prozess zerstört. Die Schleimhäute innerhalb der Darmwand werden porös und durchlässig für größere Nahrungspartikel, die normalerweise nicht über das Blut in den Körper gelangen. Allergische Reaktionen können die Folge sein.

Schlimmstenfalls kann durch die Unverträglichkeit die Funktion des Darms so stark eingeschränkt werden, dass sich z. B. der Serotoninspiegel im Blut verändert. Serotonin ist unser Stimmungshormon – durch einen Mangel können Depressionen ausgelöst werden. Auch der Mineralienhaushalt gerät aus dem Lot, Mangelerscheinungen mit all ihren Auswirkungen sind die Folge.

Eine ausgeprägte Intoleranz kann demgemäß nicht nur zu Störungen im Gehirn, sondern auch zu gravierenden Stoffwechselstörungen führen. Dem Mediziner zeigt sich ein völlig buntes Bild an Symptomen von Durchfall bis hin zu Allergien als Folgeerkrankungen, der Patient ist verzweifelt. Oft ist der Leidensweg recht lange, bis die Ursache erkannt wird. Das wissen Sie, liebe Leserin und lieber Leser, inzwischen aus eigener Erfahrung. Glücklicherweise gibt es mittlerweile einfache Tests, wie den H2-Atemtest, die schnell und zuverlässig die Diagnose klären.

Das Wichtigste über Laktose-Intoleranz

Nun wird Sie die eine entscheidende Frage interessieren: Muss ich ständig ohne Laktose leben und auf meine über alles geliebten Milchprodukte verzichten? Die Antwort ist nicht ganz einfach. Es kommt darauf an, an welcher Form der Laktose-Intoleranz Sie, liebe Leserin und lieber Leser, leiden. Wir müssen also erst etwas in die Theorie einsteigen, aber nur kurz! Wenn Sie das Thema näher interessiert, können Sie auf das Buch »Laktose-Intoleranz: Wenn Milchzucker krank macht« von Thilo Schleip zurückgreifen. Ich möchte Ihnen nur das nötigste Wissen vermitteln, damit Sie verstehen, was Sie plagt. Dann fällt es Ihnen leichter, Ihre Ernährungsgewohnheiten umzustellen, und Sie können wieder beschwerdefrei Ihren Alltag genießen.

WISSEN

Laktose spalten konnten schon die Merowinger

Joachim Burger, ein Mainzer Hochschulprofessor, der sich mit der molekularen Anthropologie befasst, veröffentlichte 2007 eine interessante Studie. Demnach ist die Fähigkeit, Laktose zu spalten und zu verdauen, eine relativ junge genetische Neuerung. Aus stammesgeschichtlicher Sicht war es früher normal, dass Erwachsene keine Milch trinken konnten. Jung- und Mittelsteinzeitmenschen fehlte die Fähigkeit, Milch zu verdauen. Dies wies Burger zusammen mit englischen Kollegen anhand von Genanalysen an Skeletten nach. Interessanterweise stieß man bei der Untersuchung eines Skeletts aus der Merowingerzeit (500 n. Chr.) auf das milchspaltende Enzym. Daraus lässt Burger den Schluss zu, dass mit Einführung der Viehwirtschaft vor etwa 8 000 Jahren in Europa die Anpassung (Mutation) des Menschen erfolgte, da er durch die Viehwirtschaft weiterhin auch als Erwachsener Milchprodukte zu sich nahm: Der menschliche Körper entwickelte ein Gen, das die Produktion von Laktase (Enzym zur Laktosespaltung) auch beim Erwachsenen möglich machte. Man vermutet, dass dieser Mutationsprozess noch nicht abgeschlossen ist. Noch nicht jeder Mensch ist mit diesem mutierten Gen ausgestattet. In Südostasien z. B. fehlt das Enzym bei 98 % der Bevölkerung, in Australien bei 85 % der Ureinwohner, in Südamerika bei 70 %, in Südfrankreich bei 65 %, in Nordfrankreich nur bei 17 %, in Deutschland bei 15 % und in Schweden bei 2 % der Bevölkerung.

Naturgemäß brauchen Säuglinge das Laktase-Enzym, um die Muttermilch aufnehmen zu können. Daher ist der menschliche Körper darauf programmiert, im Säuglings- und Kleinkindalter große Mengen an Laktase-Enzymen zu produzieren. Mit steigendem Lebensalter fährt der Körper die Produktion dieses Enzyms jedoch zurück, weil der Magen-Darm-Trakt irgendwann feste Kost vertragen kann und weniger oder gar keine Milch mehr braucht. Eigentlich benötigen wir dieses Enzym dann nicht mehr.

Nun leben wir in Europa aber in einer Region, in der gerne und viel Kuhmilch getrunken wird. Leckere Desserts aus Milchprodukten und Käse gehören zu unserem Alltag. Der Körper hat sich angepasst. Aufgrund einer genetischen Mutation in unseren Breiten bleibt die Produktion des Laktase-Enzyms erhalten, auch im hohen Alter können die meisten Menschen Milchprodukte genießen, sofern das Produktionsprogramm angepasst ist und funktioniert. Asiaten und Afrikaner haben hierzulande ihre liebe Not mit dem Verzehr von den großen Mengen an Kuhmilchprodukten. Sie schmecken ihnen zwar, aber ihr Körper ist nicht darauf eingestellt. Und so geht es auch Ihnen. Eigentlich sind sie nicht krank, sondern Ihr Körper weist die Genmutation zur Produktion von Enzymen im Alter nicht auf.

Formen der Laktose-Intoleranz

Im Wesentlichen unterscheidet man zwei Formen der Laktose-Intoleranz bzw. zwei unterschiedliche Arten des Enzymmangels: der primäre und der sekundäre Laktasemangel. Der primäre oder auch angeborene Laktasemangel ist nach bisherigen Forschungen genetisch bedingt, er tritt innerhalb einer Familie gehäuft auf, allerdings in verschiedenen Ausprägungen. Die schwerste und auch seltenste Form ist der kongenitale oder auch neonatale Laktasemangel – selbst Säuglinge können keine Laktose spalten. Bleiben wir beim Vergleich mit dem Computer: Das Computerprogramm wurde nicht installiert, Informationen zur Enzymherstellung fehlen vollständig.

Bei der physiologischen Form des Laktasemangels verlieren Babys nach der Abstillphase ihre Fähigkeit, Laktase zu spalten. Das Computerprogramm wird sozusagen nach dem Abstillen inaktiv, arbeitet gar nicht mehr oder nur noch fehlerhaft mit nachlassender Enzymproduktion.

Langsam aber sicher werden immer weniger Enzyme produziert – bis hin zur kompletten Einstellung des Computerprogramms. Die physiologische Form kann sich über eine kurze oder eine lange Zeitspanne hinziehen, bis die Spaltungsaktivität ganz nachlässt. Das erklärt, warum viele Menschen in unterschiedlichen Lebensphasen mit der Diagnose Laktose-Intoleranz konfrontiert werden. Die letztgenannte Form ist die häufigste unter den ererbten Formen!

Erworbener Laktasemangel

Der sekundäre Laktasemangel wird auch als erworbener Laktasemangel bezeichnet. Er tritt vorwiegend als Begleiterkrankung auf. Der Darm wurde durch andere Krankheiten geschädigt. Beispielsweise durch Entzündungsherde infolge von bakteriellen oder viralen Infekten, nach Einsatz eines Antibiotikums, durch Nahrungsmittelallergien, nach Chemotherapie, durch Mangelernährung oder durch andere Enzymdefekte wie Zöliakie oder Sprue. Wer an Zöliakie oder Sprue leidet, verträgt das Klebereiweiß in Getreide nicht: Dieses Phänomen ist gerne gekoppelt an eine Laktose-Intoleranz.

Fassen wir kurz zusammen: Es gibt die unterschiedlichsten Formen bei Laktose-Intoleranz. Es ist wichtig herauszufinden, welche Form Sie haben. Denn daran orientiert sich Ihr Essverhalten für die Zukunft. Der günstigste Fall: erworbener Mangel durch eine Vorerkrankung wie z. B. Entzündung im Darm. Ist der Darm ausgeheilt, funktioniert in der Regel auch die Laktase-Spaltung wieder. Ansonsten heißt es: Toleranz-Grenze austesten. Mehr dazu auf den folgenden Seiten.

◄ **Eine Laktose-Intoleranz kann einen in jedem Lebensalter treffen.**

Wie bei einem Computer kann eine Software nur dann arbeiten, wenn sie komplett und nicht nur teilweise installiert ist. So geht es Ihrem Körper auch. Ihr Gehirn kann nur dann den Befehl zur Produktion von Laktase-Enzymen geben, wenn mit den Genen das Programm überliefert wurde. Doch aus irgendwelchen Gründen ist dieses Computerprogramm nun defekt.

Wie viel Laktose kann ich vertragen?

Da bleibt nur die Antwort: »Ausprobieren.« Sie können in einem Speziallabor einen LCT-Genotyp-Test machen lassen. Danach wissen Sie, ob Ihre Form genetisch bedingt ist. Für Sie bleibt auf jeden Fall auszutesten, wie viel Laktose Sie vertragen. Aus positiver Erfahrung rate ich, dem Darm zur Regeneration eine Laktose-Pause zu gönnen. Ich empfehle ca. vier Wochen. Mithilfe eines Arztes, Homöopathen oder Ernährungsberaters können Sie den Darm etwas verwöhnen mittels einer Symbioselenkung (mikrobiologische Therapie). Hierdurch werden die natürlichen Darmbakterien gestärkt. Das kann man tun, aber es muss nicht sein!

Nach dieser Phase können Sie langsam ausprobieren, wie viel Laktose Sie tatsächlich vertragen. Fangen Sie schrittweise an, die Menge der aufgenommenen Laktose zu steigern (siehe Tabelle, Buchumschlag). Treten Unverträglichkeitssymptome wie Aufstoßen, Blähbauch, Durchfall, Verstopfung, Koliken, Übelkeit und Erbrechen auf, sollten Sie die Menge auf jeden Fall reduzieren. Tipp: Schaffen Sie sich zu Hause ganz zu Anfang eine milchzuckerfreie Zone, dann können Sie beim Ausprobieren schneller zurückstufen.

Was die Laktose-Intoleranz von der Milcheiweiß-Allergie unterscheidet

Enzym-Mangel ist Verursacher dieser Intoleranz. Es ist keine Allergie, da das Immunsystem nicht beteiligt ist. Die Allergie führt zu einer Immunreaktion des Körpers, während bei der Intoleranz nicht genügend Enzyme produziert werden, um die in Milchprodukten enthaltene Laktose zu spalten. Dieser Enzymdefekt führt zu einer unzureichenden Verdauung der Nahrung. Die Folgen sind Schädigungen an der Darmschleimhaut, die später evtl. eine sekundäre Allergie nach sich ziehen können.

Liegt keine Milcheiweißallergie vor, können Sie auf Milchprodukte zurückgreifen, in denen die Laktose bereits gespalten ist (z. B. Minus L/OMIRA, LACTtosefreie/Breisgau etc.).

Bei der Milcheiweiß-Allergie kann man auf verschiedene Fraktionen in der Milch allergisch reagieren. Zu den Hauptallergenen in der Kuhmilch zählen Casein, Lactoglobulin und Lactalbumin. Casein kommt in allen Milchsorten (Ziege, Schaf, Stute) in ähnlicher Struktur vor. Lactoglobulin und Lactalbumin sind nur in der Kuhmilch zu finden. Lediglich Lactalbumin und Lactoglobulin werden durch Hitzeeinwirkung in ihrer allergenen Potenz verringert. Die isolierte Lactoglobulin- und/oder Lactalbuminallergie ist selten. Das mengenmäßig größte Allergen der Milch, das Casein, ist nicht hitzeempfindlich und lässt sich durch Abkochen nicht zerstören.

Was ist zu beachten, wenn ich auch eine Milcheiweiß-Allergie habe?

Verständlicherweise müssen Sie nicht nur auf Laktose, sondern zusätzlich auf milcheiweißhaltige Produkte verzichten. Das Problem: Diese sind in der Regel auch Kalziumlieferanten. Sie sollten Ihre Aufmerksamkeit darauf richten, mit Ihrer Nahrung genug Kalzium aufzunehmen. Essen Sie möglichst abwechslungsreich und versuchen Sie, kalziumreiche Nahrungsmittel in den Speiseplan einzubauen, z. B. Brokkoli und zahlreiche Kräuter (siehe Tabelle, Buchumschlag). Gehen Sie viel an die frische Luft! Damit Kalzium besser aufgenommen werden kann, benötigt der Körper unbedingt Vitamin D. Dies kann er mithilfe von Sonnenlicht selbst produzieren, denn nur geringe Mengen kann er über die Nahrung aufnehmen. Sind Sie unsicher, fragen Sie Ihren Arzt, Heilpraktiker, Homöopathen oder Ernährungsberater, welche Kalziumpräparate er Ihnen zusätzlich als Nahrungsmittelergänzung empfehlen kann (z. B. Kalzium-Sandoz D Osteo, nur für Erwachsene!).

Richtig essen bei Laktose-Intoleranz

Essen soll Spaß machen, es ist nicht nur wichtig für den Körper, sondern Geist und Seele profitieren ebenfalls. Längst wissen wir, dass der Aspekt »Geselligkeit« beim Essen eine große Rolle in unserem sozialen Gefüge spielt. Wenn Sie ein paar Grundregeln beherrschen, können Sie weiterhin unbesorgt in die Rolle der Gastgeberin schlüpfen und zusammen mit Ihren Gästen das Mahl genießen.

Richtig essen bei Laktose-Intoleranz

Laktose steckt natürlich in Milchprodukten. Doch vergessen wird gerne industriell Hergestelltes, das von Natur aus keine Milch enthält. Die besten Beispiele sind Tee oder klare Gemüsebrühe. Beide können mit einem Aroma oder Emulgator aus Laktose angereichert sein und schon sind sie für Sie tabu.

Grundsätzlich gilt: Vorsicht, bei allen Nahrungsmitteln, die aus mehreren Zutaten zusammengesetzt sind. Laktose wird gerne in der Nahrungsmittelindustrie eingesetzt: Laktose verleiht Nahrungsmitteln einen sehr sämigen Geschmack, kann sich hinter dem Begriff Emulgator verbergen oder wird als Stabilisator eingesetzt. Laktose verbirgt sich in Backwaren und Süßwaren (Eis, Schokolade, Kaubonbons). Natürlich auch in Fertiggerichten, Junk Food, Konserven, Fleisch und Wurstwaren oder in Müslimischungen, Tabletten und Medikamenten und in Instanterzeugnissen. Vor allem aber auch in Brot, Brötchen und Backwaren. Ein Blick auf die Zutatenliste ist wichtig – Laktose kann sich hinter folgenden Begriffen verbergen:

- D-(+)Lactose
- (+)-beta-D-Lactose
- 4-O-Beta-D-Galactopyranosyl-D-Glucose
- 4-(beta-D-Galactosido-)D-Glucose
- Betalactose
- Lactose-Monohydrat
- Lac
- Laktose-Monohydrat
- Beta-D-Lactose
- Milchzucker

Überprüfen Sie in Ihrem Haushalt Produkte aus der nachfolgenden Tabelle. Und vergessen Sie Ihre Süßigkeiten nicht! Vorsichtshalber habe ich im Rezeptteil unter jedem Rezept noch einmal mögliche Laktosequellen aufgeführt, damit Sie vor versteckten Laktosequellen gewarnt sind.

Hilfreich ist es, wenn Sie z. B. die Liste der Deutschen Zöliakie Gesellschaft e. V. zurate ziehen. Sie weist u. a. auch Milchzucker aus. Damit können Sie dann zu Hause vor dem Einkauf bequem Ihren Einkauf planen und auf Milchzuckerfreiheit achten.

Grundsätzlich gilt, Finger weg von Produkten, die nur allgemein ausweisen: Emulgator/Stabilisator/Aroma – dahinter kann sich durchaus Laktose als Zutat verbergen.

Nehmen Sie folgende Lebensmittel in Ihrem Haushalt unter die Lupe

Brot/Backwaren	Fette	Brotbelag
Brötchen, Brot Gebäck, Kuchen	Backfett, Frittierfett Margarine	von Wurst bis Marmelade
Getränke	**Gewürze**	**Bindemittel**
Milch, Milchersatz Kakaopulver Kaffeepulver Tee, Kaltgetränke Säfte	Gewürzmischungen Würzgranulate Chinawürze Senf, Meerrettich Gemüsebrühe	für Saucen und Marmeladen (egal, ob heiß oder kalt) Gelatine
Saucen	**Konserven**	**Tiefkühlkost**
Fertigsaucen aus der Tüte und aus dem Glas, Flasche z. B. Ketchup, Mayonnaise etc.	Süß- und Sauerkonserven (Obst, Spargel, Pilze, Gurken etc.)	Blätterteig Gebäck, Fertiggerichte Nudelteig
Süßigkeiten	**Knabberartikel**	**Backzutaten**
Bonbons, Kekse Pralinen, Schokolade	Chips, Knabbergebäck Salzgebäck	Aroma, Backpulver Lebensmittelfarbe Vanillezucker

Ihre Grundausrüstung

Glücklicherweise gibt es heutzutage laktosefreie Alternativen zur Kuhmilch und seit 2005 muss auf verpackter Ware im Supermarkt Laktose deklariert sein. Zunächst werden Sie etwas länger brauchen für Ihre Einkäufe, aber das Prüfen der Zutatenliste ist unerlässlich.

In den meisten Supermärkten gibt es laktosefreie Sojamilch (z. B. Alpro) oder spezielle Kuhmilch (z. B. LACtosefrei oder Minus L), deren Laktose schon aufgespalten ist (Laktosegehalt unter 0,1 g pro 100 g). Ebenso verhält es sich mit milchzuckerfreiem Ketchup und Margarine ohne Laktose. Laktosefreie gekörnte Gemüsebrühe können Sie auch kaufen – diese Produkte finden Sie in der Einkaufsliste im Buchumschlag. Gerade im Bioladen gibt es heutzutage viele köstliche Brotaufstriche auf Hefe- oder Sonnenblumenkernbasis, die keine Laktose enthalten. Und feine Marmeladenrezepte finden Sie im Rezeptteil (S. 32). Bei unverpackter Ware vom Bäcker oder Metzger sind Sie jedoch auf die Auskunft des Verkaufspersonals angewiesen, da Brot oder Wurst ohne Zutatenliste verkauft werden.

Mit Sicherheit können Ihnen Ihr Bäcker und Ihr Metzger sagen, wo sie laktosehaltige Emulgatoren einsetzen. Scheuen Sie sich nicht, die Produkte, die Ihnen der Metzger oder der Bäcker aufzählen, auf einen Zettel zu schreiben, man kann nicht immer alles im Kopf behalten. Ich habe sogar schon erlebt, dass man mir ganze Produktlisten

Häufig gestellte Fragen

» Der Arzt hat Laktose-Intoleranz bei mir diagnostiziert, wie viel Laktose kann ich zu mir nehmen?

Darauf gibt es keine Standardantwort. Grundsätzlich müssen Sie selbst ausprobieren, wo Ihre persönliche Belastungsgrenze liegt. Je älter Sie werden, desto mehr sinkt diese Grenze.

» Muss ich bei Laktose-Intoleranz alle Produkte aus Kuhmilch meiden?

Wenn sicher ist, dass Sie keine Milcheiweiß-Allergie haben, dürfen Sie weiterhin laktosefreie Kuhmilchprodukte zu sich nehmen. Hier gibt es auf dem Markt eine Menge Alternativen, die laktosefrei sind und auch eine deutliche Kennzeichnung haben.

» Kann ich bei normalen Rezepten mit Milch einfach auf Milchersatzprodukte ausweichen?

Hier gilt es mutig sein und ausprobieren. Bei manchen Rezepten kann man mühelos austauschen, andere wiederum brauchen bestimmte Eigenschaften der Milch, wie z. B. Bindefähigkeit. Mit etwas Geduld haben Sie bald die nötige Routine.

» Können andere Personen meine laktosefreien Produkte auch essen, oder muss ich jetzt extra für mich kochen?

Selbstverständlich können andere Personen, die keine Laktose-Intoleranz haben, auch Ihre Produkte mitessen. Da gibt es kein Problem, Sie müssen keinesfalls für sich extra kochen.

» Warum kann ich nicht einfach Fertigsaucen verwenden?

Da Milchzucker häufig als Bindemittel oder Emulgator eingesetzt wird, enthalten derzeit viele Fertigsaucen Milchzucker. Hier müssen Sie also besonders aufmerksam die Deklaration auf der Packung lesen.

» Ich habe nur eine Milcheiweiß-Allergie, muss ich dann auch auf Milchzucker achten?

Nein. Milcheiweiß ist ein anderer Bestandteil der Milch, auf den Sie mit Ihrem Immunsystem in Form einer Allergie reagieren. Die Laktose-Intoleranz ist ein Enzymdefekt, bei der die Laktose-Spaltung nicht korrekt abläuft.

▼ Mit frischen Zutaten kochen und Fertigprodukte meiden – so kann man Laktose gut aus dem Weg gehen.

aushändigte – fragen lohnt sich! Achten Sie vor allem darauf, dass nicht allgemein von Milch gesprochen wird, sondern weisen Sie immer wieder auf Laktose bzw. Milchzucker hin. Sonst kann es Ihnen passieren, dass Ihre leckeren Brötchen zwar ohne Milch hergestellt sind, Laktose als Emulgator aber trotzdem enthalten ist. Laktosefrei ist nicht gleich milchfrei!

Werfen Sie einen Blick auf die Zutatenliste der Bindemittel in Ihrem Vorratsschrank (z.B. Biobin, Kartoffelstärke) und kontrollieren Sie Ihr gesamtes Naschwarenlager. Bestimmt müssen Sie vieles aussortieren, doch Sie finden in der Einkaufsliste im Buchumschlag Alternativen. Resignieren Sie jetzt nicht. Der Anfang ist schwer, aber jahrhundertelang sind unsere Vorfahren ohne den Emulgator oder Stabilisator Laktose ausgekommen.

Laktosefreie Kuhmilch oder Milchersatzprodukte?

Die Antwort ist einfach. Leiden Sie zusätzlich unter einer Milcheiweiß-Allergie (S. 11), dürfen Sie keinesfalls

laktosefreie Milchersatzprodukte	laktosefreier Joghurt/ Sahneersatz	laktosefreie Margarine	laktosefreier Käseersatz	laktosefreie Bindemittel	laktosefreie Brühe
Hafermilch: z. B. Oatly, Natumi Hirse-Drink: z. B. Soyana Mandelmilch: z. B. Dr. Ritter, Ecomil Reismilch: z. B. Alnatura, Soyana, Viana Sojamilch: z. B. Alnatura, Natumi, Provamel Soja-Reis-Mischgetränke: z. B. ENV-Lebensmittel GmbH (ALDI-Nord), Natumi Plus-Vertriebs-GmbH	Hafersahne: z. B Oatly Joghurt: z. B. Alpro, Provamel Quark: z. B. Heirler Cenovis GmbH Sojasahne: z. B. Alpro, Natumi, Provamel, SoYatoo, granoVita, Vitaquell	Alsan (Alsan), Unilever Deutschland Vitaquell: Vitaquell + Vitasieg Vandermoortele Deutschland GmbH: Sojola	Frischkäseersatz z. B. Heierle Cenovis GmbH, Provamel, Tofutti Käseersatz: z. B. Pural/Redwood, Scheese, Sojafarm, Vegusto, Viana Tofu: z. B. Alberts/Albert Hess GmbH, Soyana A. W. Dänzer, Sojarei Vollertkost GmbH, ASTA-Eismann GmbH	Unilever Deutschland GmbH: Mondamin feine Speisestärke Tartex GmbH: Bindobin	Heierle Cenovis GmbH: Der würzige Löffel, Cenofix universell, Klare Gemüsebrühe bio, Gemüsebrühe fettfrei Nestlé: Maggi klare Fleischsuppe Maggi klare Gemüsebrühe Maggi Klare Hühnersuppe Extra Unilever Deutschland GmbH: Knorr klare Fleischuppe Knorr Klare Delikatessbrühe Knorr Klare Suppe mit Suppengrün
gering laktosehaltig					
Omira z. B. Minus-L (Hersteller + Produkt)	Omira z. B. Minus-L (Hersteller + Produkt)	Omira z. B. Minus-L (Hersteller + Produkt)	Omira z. B. Minus-L (Hersteller + Produkt)		

auf laktosefreie Kuhmilchprodukte ausweichen. In diesem Fall wird sich Ihr Körper massiv gegen das Kuhmilcheiweiß mit einer Immunreaktion zur Wehr setzen. Hier müssen Sie unbedingt auf Ersatzprodukte ausweichen wie z. B. Soja-, Reis-, Hafer- oder Mandelmilch. Auch bei der neonatalen Laktose-Intoleranz (S.) ist »laktosefreie« Milch ein Problem, da die Milch meist noch eine Restmenge Laktose enthält (weniger als 0,1 g pro 100 ml) und die Betroffenen aber selbst auf kleinste Mengen reagieren. Sind aber Milcheiweiß-Allergie und neonatale Laktose-Intoleranz ausgeschlossen, dürfen Sie auch auf die Milchprodukte ausweichen, in denen der Milchzucker bereits aufgespalten ist.

Milchersatz für Säuglinge

Verweigert Ihr Kind die Muttermilch? Mag es nicht trinken oder trinkt es nur wenig, dann sollten Sie unverzüglich Kontakt mit einem Kinderarzt aufnehmen. Es besteht die Möglichkeit, dass Ihr Kind die Laktose nicht aufspalten kann. Statt zu wachsen und zu gedeihen, schreien die betroffenen Babys viel und sind immer hungrig. Besteht der Verdacht auf die angeborene Form der Laktose-Intoleranz (S. 10), müssen Sie auf eine Spezialnahrung ausweichen. Hier gibt es inzwischen zahlreiche Produkte: Humana SL Spezialnahrung, Sojagen plus (Grano Vita), Milupa Som oder Pregomin, und Nestlé Alfare. Füttern Sie keinesfalls normale Milchersatzprodukte, da sie zu wenige Nährstoffe enthalten, oder »Pre«-Produkte, da sie laut Reformhausinformation einen erhöhten Laktosegehalt aufweisen. Geben Sie Ihrem Säugling keinesfalls Kalzium, ohne mit dem Kinderarzt gesprochen zu haben.

▼ **Mag Ihr Kind nicht trinken oder trinkt es nur wenig, besteht die Möglichkeit, dass es die Laktose nicht aufspalten kann.**

Essen unterwegs

Anfangs sollten Sie im Restaurant auf gegrillte Spezialitäten ohne Gewürze zurückgreifen sowie den Salat nur mit Essig und Öl bestellen. Fleisch- und Salatsaucen enthalten gerne Laktose als Stabilisator oder Emulgator. Vernachlässigen Sie keinesfalls die Süßspeisen wie Kuchen, Eis und die Getränke. Es nutzt Ihnen wenig, wenn Sie die Hauptspeise durchforsten und mit der Nachspeise dann eine ordentliche Prise Milchzucker zu sich nehmen. Beispielsweise mit der Kaltschale oder gar dem leckeren Obstkuchen. In Letzterem kann die Laktose in der Glasur stecken. Wenn Sie Glück haben, ist in der Speisekarte des Lokals ein Vermerk, welche Gerichte Laktose enthalten. Seit 2005 gelten neue Vorschriften für die Kennzeichnung von Lebensmitteln (LMKV). Gaststätten versuchen dies inzwischen ebenfalls umzusetzen. Fragen Sie einfach den Service des Hauses – in der Regel bemüht man sich, korrekt Auskunft zu geben. Haben Sie Mut zu fragen! In der heutigen Zeit, in der Allergien stetig auf dem Vormarsch sind, sind Sie nicht der Einzige, der Fragen stellt! Denken Sie an den Rest der Weltbevölkerung und wie wenig Menschen überhaupt dazu in der Lage sind, Laktose zu spalten. In Finnland gehört es zum Standard, dass Laktose auf der Speisekarte extra ausgewiesen wird.

Folgende Lebensmittel eignen sich prima für unterwegs:

- mundfertige Obstschnitze, z. B. Birne, Apfel
- mundfertige Gemüsestifte, z. B. Kohlrabi, Karotte
- Soja-Joghurt
- Bruschetta (S. 53)
- Flammkuchen-Wrap (S. 54)
- Frikadellen (S. 72)
- Kartoffelwaffeln (S. 82)
- Paprika-Frühaufsteher-Brot (S. 30)
- Apfel-Zimt-Waffeln (S. 106)
- Schokoladen-Muffins (S. 98)
- Nusskuchen (S. 103)
- laktosefreie Amaranthriegel, laktosefreie Nussriegel, Studentenfutter, Reiswaffeln mit Zartbitterüberzug

Laktasespalter für die Handtasche

Wenn Sie auswärts essen, besteht die Möglichkeit (je nach Form der Intoleranz), auf einen sogenannten Laktasespalter auszuweichen. Sollte Ihr Körper diesen gut tolerieren, können Sie sich unterwegs relativ abwechslungsreich ernähren. Laktasespalter sind Milchzuckerspalter, die das Enzym Laktase enthalten und die Laktose künstlich im Körper spalten. Der Nachteil ist, dass Sie nie genau wissen, wie viel Laktose Sie aufgenommen haben – daher hapert es oft an der Dosierung. Aber mit der Zeit bekommen Sie Übung für die Dosierung.

Laktasespalter gibt es in verschiedenen Stärken. Der Gehalt wird in sogenannten Enzymeinheiten (FCC) angegeben. Je höher diese Enzymeinheit ist, desto mehr Laktase ist enthalten. Wenn Sie Tabletten nicht mögen, gibt es auch die Möglichkeit, auf Pulver oder Tropfen auszuweichen. Hier einige gängige Produkte: Laktonova Lactase (Pulver), Lactase Kapseln, Lactrase Kps., Lactaid, Lactaid extra (Kps.), Lactaid ultra, Laluk Plus, Kerulac Tropfen. Beziehen können Sie diese Produkte über Apotheke oder Internet.

▲ Mit einem selbst belegten Brot und Obst sind Sie immer auf der sicheren Seite.

Ihr Ernährungsfahrplan

Lebensmittelgruppe	laktosefrei	kann Laktose enthalten	in der Regel laktosehaltig
GETRÄNKE 	Mineralwasser, Tafelwasser, aromafreie Tees – egal ob Früchte- oder Kräuter-, reine Frucht- und Gemüsesäfte, reiner Bohnenkaffee, echtes Kakaopulver ohne Zusätze, Wein, Obstbrände, klare Spirituosen	limonadenartige Mixgetränke, Tees mit Aromastoffen, Instant-Kakaopulver, Instant-Kaffee, aromatisierte Spirituosen (z. B. Liköre) Smoothies	Smoothies auf Milchbasis, Mixgetränke, Latte Tee Macchiato, Milch-Kaffee, Latte Macchiato, Café Latte, milchhaltiges Kakaopulver Liköre mit Milch- oder Sahnezusätzen
OBST 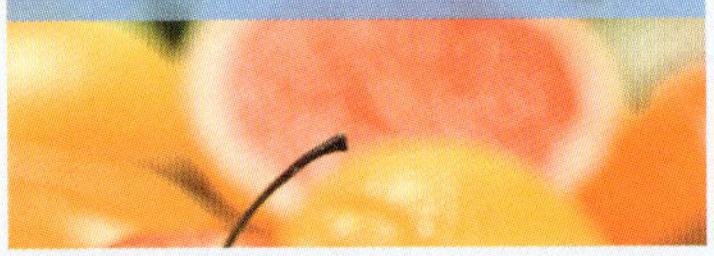	frisches, unbehandeltes und tiefgefrorenes Obst ohne jegliche Zusätze	Dosenobst, mariniertes Obst	
GEMÜSE 	frisches, unbehandeltes Gemüse, auch tiefgefroren, und ohne jegliche Zusätze Salate erntefrisch und Kräuter frisch oder getrocknet	Dosengemüse, fertig zubereitete Gemüsesorten, mariniertes Gemüse, Gemüse in Saucen Salate mit Dressing, Salate mit Croutons	eingelegtes Gemüse mit Käse oder Milchzusätzen, Gemüse in weißen Saucen mit Sahne-, Rahm- oder Butterzusätzen etc. Salate mit milchhaltigen Dressings
NUSSRIEGEL 	alle Nusssorten ohne Zusätze Sonnenblumenkerne, Sesam, Leinsamen, Kürbiskerne, Mohn, Sojakerne, Kokosnüsse, Pinienkerne	Nuss- und Körnerprodukte mit Würzmischungen Nussriegel	Nüsse und Früchte im Schokoladenmantel mit Vollmilch überzogene Nussriegel
EIER 	gekochte Eier, Spiegeleier	Omelette, Pfannkuchen, Rührei	Eierspeisen aus Instantprodukten

Lebensmittelgruppe	laktosefrei	kann Laktose enthalten	in der Regel laktosehaltig
BROT 	Wasserbötchen Brot auf Wasserbasis, z. B. Baguette	Brote aus Auszugsmehlen, Gebäck, Vollkornbrot, Vollkornbrötchen, Kuchen Müslimischungen, Kaffeestückchen und Teilchen	Blätterteig, Croissants, Quarkgebäck, sahnehaltige Kuchenstückchen, schokoladenhaltiges Gebäck
FLEISCH, WURST 	roh und unzubereitet: alle Sorten Geflügel, Schwein, Rind	mariniertes Fleisch, Wurstwaren	Fleisch mariniert mit Milchzusätzen, Fleisch mit Käse überbacken oder gefüllt, Wurstwaren mit Käse
FISCH 	frischer, unbehandelter Fisch, Garnelen, Krabben, Hummer, Muscheln, Kaviar	marinierter Fisch, marinierte Meeresfrüchte, gekocht oder gegrillt	Fisch oder Meeresfrüchte mit milchhaltigen Saucen, oder eingelegt in milchhaltigen Marinaden
KARTOFFELN 	Kartoffeln, Nudeln, Polenta, Reis	Bratkartoffeln, Gnocchi, Kräuterkartoffeln, Klöße Ravioli	Käsespätzle, Milchreis Ravioli mit Ricotta
FETTE 	Margarine ohne Milchzusätze, reine Pflanzenmargarine, Speiseöle auf Pflanzenbasis	Margarine	Butter mit verstärktem Milchanteil

Rezepte – reichhaltig kochen

Sie werden schnell merken, dass es gar nicht schwer ist, der Laktose aus dem Weg zu gehen und dabei das Gefühl zu haben, auf nichts verzichten zu müssen. Die Rezepte schmecken darüber hinaus der ganzen Familie: Niemand braucht eine Extrawurst.

So gelingt die Umstellung

Die Umstellung der Küche ist vollzogen, nun geht es an die Praxis. Hier geben wir Ihnen vorab drei wichtige Grundrezepte. Für Frühstück oder Abendbrot ein leckeres Weißbrot. Da kalte und warme Saucen gerne aufgrund ihrer Sämigkeit Milch enthalten, hier noch zwei Klassiker für je eine warme und ein kalte Grundsauce, die sich nach Belieben abwandeln lassen.

Mehr Auswahl finden Sie in den Kapiteln: Saucen (S. 25) und Dips, Dressing & Co. (S. 46). Und für die Kaffeepause finden Sie ein Rezept für leckere Mürbeteig-Torteletts, die Sie nach Belieben mit frischem Obst belegen können (S. 105).

Frisches schmeckt und ist gesund

Je mehr Frischeprodukte Sie verwenden, desto nahrhafter wird auch Ihr Essen. Ergänzen Sie zu Fleisch und Kartoffeln möglichst viel frisches Gemüse. Nutzen Sie den Sommer, um herzhafte Salate zuzubereiten. Radieschen, Rettich, Gurke und Co. zaubern Ihnen viel Abwechslung auf den Tisch. Sie kennen ja den Spruch: »Das Auge isst mit.« Das stimmt. Je bunter die Speisenvielfalt auf dem Teller, desto mehr Spaß macht das Essen. Nebenbei bereichern Sie Ihren Speiseplan und liefern Ihrem Körper wichtige Spurenelemente und Vitamine. Besonders Kinder mögen es, wenn der Teller bunt aussieht. Werden Sie kreativ und legen Sie Gesichter mit Gurken- und Karottenscheiben auf den Teller. Das bingt auch Erwachsene zum Schmunzeln. Machen Sie aus der Notwendigkeit des Essens ein kleines Fest für die Sinne.

Dinkel-Weißbrot

▶ **Für 1 Brot**

500 g Dinkelmehl · 1 TL Salz · 1 Prise Zucker · 1 Pck. Trockenhefe · 3 EL Rapsöl · 375 ml Wasser · 2 EL Sesam zum Bestreuen

- Mehl in eine Schüssel geben und in die Mitte eine Mulde drücken. Trockenhefe in die Mulde geben, 1 Prise Zucker und 3 EL lauwarmes Wasser hineinfüllen. Mit Mehl bestäuben und 20 Min. gehen lassen.
- Öl und Salz am äußeren Rand des Mehles zugeben, das Wasser zugeben und langsam von außen nach innen verkneten. Den Teig 30 Min. ruhen lassen, bis er sein Volumen verdoppelt hat.
- Den Backofen auf 220 Grad vorheizen (Umluft 200 Grad). Eine Kastenform mit Backpapier auslegen, den Teig noch einmal durchkneten und in die Form geben. 20 Min. ruhen lassen, mit Wasser bestreichen und mit Sesam bestreuen.
- Das Brot bei 200 Grad ca. 40 Min. backen. Wichtig ist, dass im Backofen unten ein Gefäß mit Wasser steht, da das Brot feucht gebacken werden muss. Dazu eignet sich eine Auflaufform, in die man Wasser füllt. Während des Backens nicht mehr öffnen, da sonst der Wasserdampf entweicht und man sich evtl. verbrennen kann.
- Nach der Backzeit das Brot entnehmen und an die Unterseite klopfen. Hört es sich hohl an, ist es gar, ansonsten noch einmal zurück in den Ofen.

▶ **Mögliche Laktosequelle**

Trockenhefe

Helle Mehlschwitze

▶ **Für 4 Personen**
50 g laktosefreie Margarine · 50 g Mehl · ½ – ⅔ l Gemüsebrühe · 1 Pr. Salz

- Margarine zerlassen und das Mehl darin bei kleiner Hitze langsam anschwitzen. Unter ständigem Rühren etwas Brühe hinzufügen, bis die gewünschte Sämigkeit erreicht ist. Darauf achten, dass sich das Mehl nicht dunkel verfärbt.

Tipp
Diese Sauce kann auch als Grundlage für Gemüsesuppen verwendet werden. Statt der Fertigbrühe wird das Kochwasser des jeweiligen Gemüses hinzugefügt.

▶ **Mögliche Laktosequelle**
Gemüsebrühe

Mayonnaise

▶ **Für 4 Personen**
weizenfrei · glutenfrei
2 Eigelb · Salz | Pfeffer, frisch gemahlen · 1 Pr. Zucker · 1½ TL Senf · 1 TL Zitronensaft · ⅛ l Salatöl

- Wichtig: Alle Zutaten sollten Zimmertemperatur haben! Eigelb, Salz, Pfeffer, Zucker, Senf und Zitronensaft kräftig mit dem Handrührgerät verrühren. Dann erst tropfenweise das Öl unterschlagen.

Tipp
Würzen Sie die Mayonnaise mit leckeren Kräutern und Sie haben im Nu eine Remoulade.

▶ **Mögliche Laktosequelle**
Senf

Biskuitboden

▶ **Für 1 Kuchen**
3 Eier · 125 g Zucker · 1 Päckchen Vanillezucker · 125 g Mehl · 1 EL Margarine

- Den Backofen auf 180 Grad (Umluft 160 Grad) vorheizen. Die Eier trennen. Die Eiweiße steif schlagen und den Zucker dabei einrieseln lassen. Eigelbe nacheinander untermischen.
- Das Mehl über die Eimasse sieben und vorsichtig unterheben. Die Biskuitmasse in eine gefettete Springform füllen oder auf zehn kleine Torteletteformchen aufteilen und etwa 30 Min. backen.

Haferflocken mit Obst

Schnell gemacht und im Sommer lecker mit frischen Beeren.

▶ Für 2 Personen
Gelingt leicht ⏲ **5 Min.**
8 EL Haferflocken · 1 Apfel · je nach Jahreszeit: Beeren, Banane, Orange · 250 ml Soja-Joghurtalternative · 1 TL Honig

- Die Haferflocken auf zwei Müslischalen verteilen. Apfel waschen, achteln, entkernen, reiben oder in kleine Stückchen schneiden.
- Das Obst waschen und ggf. klein schneiden. Joghurt mit Honig mischen, über die Haferflocken geben und das Obst hinzufügen.

▶ Mögliche Laktosequelle
Soja-Joghurtalternative, Honig

WICHTIG

Wichtige Info auf einen Blick

Damit Sie auf einen Blick erkennen, ob die Gerichte Weizen oder Gluten enthalten, sind die betreffenden Rezepte direkt innerhalb der Zutatenliste als solche gekennzeichnet. Darüber hinaus sind alle Rezepte auch geeignet für Milcheiweiß-Allergiker, da sie keine Milchprodukte enthalten.

▶ Für 2 Personen
Gelingt leicht weizenfrei · glutenfrei
⏲ **15 Min. + 10 Min. Garzeit**

FRÜHSTÜCKSIDEEN

Karotten-Müsli mit Mandeln

Der gesunde Muntermacher für große und kleine Morgenmuffel.

▶ Für 2 Personen

Braucht etwas mehr Zeit ⏲ **15 Min.**

200 g Karotten · 8 EL Hafer- oder Sojaflocken · 2 EL gehackte Mandeln oder Nüsse · 2 Apfelsinen · 1 Zitrone · 6 EL Soja-Sahnealternative (Natumi) · Honig oder Zucker zum Süßen

- Karotten waschen, putzen und fein auf der Gemüsereibe raspeln. Haferflocken, Karotten und Mandeln in zwei Müslischalen füllen.
- Apfelsinen und die Zitrone auspressen, den Saft über die Zutaten geben. Mit Sojasahne auffüllen. Mit Honig nach Geschmack süßen.

▶ Mögliche Laktosequelle

Honig

Sojaflocken-Müsli mit Preiselbeeren

Das leichte Frühstück für einen guten Start in den Tag.

▶ Für 2 Personen

Geht schnell glutenfrei

⏲ **5 Min.**

8 EL Sojaflocken (Davert) · 250 ml Sojakakao · 125 g Preiselbeeren

- Je 4 EL Sojaflocken in zwei Müslischalen geben, mit Sojakakao auffüllen. Die Preiselbeeren gleichmäßig darüber verteilen.

▶ Variante

Je nach Jahreszeit können Sie statt Preiselbeeren, Brombeeren, Himbeeren oder Erdbeeren verwenden.

Nannis Spezialmüsli

Durch die Chufa-Flocken schön nussig, auch für Nussallergiker.

▶ Für 2 Personen

Gelingt leicht weizenfrei · glutenfrei

⏲ **10 Min.**

4 EL Chufa-Flocken (Reformhaus, Bioladen oder Internet) · 250 ml Sojakakao · 1 Apfel · 1 Birne · 1 Karotte

- Chufa-Flocken im Sojakakao einweichen. Apfel und Birne schälen, waschen, in kleine Würfel schneiden, dazugeben. Die Karotte raspeln und unterheben.

Tipp

Statt Sojakakao schmeckt das Müsli auch lecker mit einer Soja-Joghurtalternative.

Rührei mit Schnittlauch

Schön sommerlich frisch dank Schnittlauch und Tomate.

▶ Für 2 Personen

Braucht etwas mehr Zeit

15 Min. + 10 Min. Garzeit

4 Eier · 1 EL Mehl · 1 Pr. Salz · 1 Bund Schnittlauch · 1 Schuss Mineralwasser mit Kohlensäure · ½ EL laktosefreie Margarine · 1 Tomate · 2 Scheiben Toast (American Sandwich, Golden Toast)

- Die Eier mit einem Schneebesen aufschlagen, Salz und Mehl zufügen. Schnittlauch in Röllchen schneiden, zu den Eiern geben. 1 TL beiseite legen. So viel Mineralwasser zugeben, bis die Masse locker und sämig ist.
- Die Tomate waschen und in Scheiben schneiden. Eimasse in der Margarine unter Rühren auf kleiner Flamme langsam stocken lassen, dabei mit einem Pfannenwender vom Boden lösen. Rührei auf dem Toast verteilen und mit Tomatenscheiben und Schnittlauchröllchen garnieren.

▶ Mögliche Laktosequelle

Toast

Rührei mit Schinken

Der Klassiker ist perfekt für ein spätes Frühstück am Wochenende.

▶ Für 2 Personen

Braucht etwas mehr Zeit

10 Min. + 10 Min. Garzeit

3 Eier · 2 Pr. Salz · 1 EL laktosefreie Margarine · 8 Scheiben Bacon (Tulip) · 2 Scheiben Vollkorntoast (Golden Toast)

- Die Eier mit einem Schneebesen aufschlagen, Salz hinzufügen. Pfanne mit der Hälfte der Margarine erhitzen, die Baconscheiben hinzufügen, kross anbraten. In einer weiteren Pfanne die restliche Margarine erhitzen, Eier hineingeben.
- Eier unter Rühren mit einem Pfannenwender vom Boden lösen. Keinesfalls scharf anbraten! Es ist fertig, wenn keine flüssige Eimasse mehr vorhanden ist. Den Toast toasten, zuerst die Baconscheiben daraufgeben, dann das Rührei darüber verteilen.

▶ Mögliche Laktosequelle

Bacon, Toast

Schokoladenbrot

Das Naschkatzenfrühstück für alle Nutella-Fans.

▶ Für 2 Personen

Gelingt leicht **5 Min.**

2 Scheiben getoastetes Brot · 2 EL Soja-Bio-Schokocreme pur (Dr. Ritter) · 2 TL gehackte Mandeln

- Die Brotscheiben mit der Soja-Schokocreme bestreichen und mit je 1 TL Mandeln bestreuen

Tipp

Statt Mandeln schmecken auch Haselnüsse oder angeröstete Pinienkerne prima.

Paprika-Frühaufsteher-Brot

Für Vegetarier und alle, die morgens Abwechslung mögen.

▶ Für 2 Personen

Gelingt leicht **10 Min.**

2 Scheiben Brot · laktosefreie Margarine (z. B. Vitasieg) · 1 gelbe Paprika · 2 Tomaten · 2 EL Lauchsprossen

- Das Brot mit Margarine bestreichen. Paprika und Tomaten waschen. Paprika entkernen und in Streifen schneiden. Tomaten in Scheiben schneiden.
- Paprikastreifen auf den Broten gleichmäßig verteilen, Tomatenscheiben darauflegen. Zum Schluss mit den Lauchsprossen garnieren.

▶ Mögliche Laktosequelle

Brot

Frühstückswaffeln

Wenn Sie Frühstücksgäste erwarten, sind Waffeln eine Abwechslung.

► Für 15 Waffeln

Braucht etwas mehr Zeit

⏲ 20 Min. + ca. 4 – 6 Min. Garzeit je Waffel

4 Eier · 165 g Zucker · 1 Pck. Vanillezucker · 200 g Margarine · 1 Pck. Vanillearoma · 350 g Mehl · ½ Pck. Backpulver · 120 ml Wasser

- Eier, Zucker, Vanillezucker, Margarine und Vanillearoma cremig schlagen.
- Mehl und Backpulver mischen, wechselweise Mehl und Wasser unter die cremige Masse geben.
- Je einen Schöpflöffel in das vorgeheizte Waffeleisen geben und je nach Geschmack knusprig backen.

► Mögliche Laktosequelle

Backpulver, Margarine, Vanillearoma, Vanillezucker

► Variante

Sie können 50 g Mehl durch gemahlene Nüsse ersetzen.

Erdbeermarmelade

Ein leckerer Klassiker – schneller gemacht, als Sie denken.

► Für den Vorrat
Gelingt leicht weizenfrei · glutenfrei
10 Min. + 15 Min. Garzeit
900 g Erdbeeren · 1 Paket Extra-Gelierzucker (2 : 1) · 1 Pck. Zitronensäure

- Erdbeeren waschen und pürieren. Gut mit Gelierzucker und der Zitronensäure vermischen. Alles gemäß Packungsanleitung aufkochen, in saubere Twist-off-Gläser füllen und auskühlen lassen.

Dornfelder-Weingelee

Das Gelee eignet sich hervorragend zum Verfeinern von Saucen.

► Für den Vorrat
Gelingt leicht weizenfrei · glutenfrei
15 Min.
900 ml Dornfelder (Rotwein) · 500 g Extra-Gelierzucker (2 : 1)

- Wein mit Gelierzucker unter ständigem Rühren aufkochen (gemäß Packungsanleitung). Kurz aufsprudeln lassen und in saubere Twist-off-Gläser füllen. Mindestens 24 Stunden stehen lassen.

◄ Erdbeermarmelade

Aprikosenkonfitüre

So schmeckt der Sommer.

▶ Für den Vorrat

Gelingt leicht weizenfrei · glutenfrei

40 Min. + 15 Min. Garzeit

1 kg Aprikosen · 500 g Extra-Gelierzucker (2 : 1) · 1 Pck. Zitronensäure

- Aprikosen waschen und entsteinen. Die Aprikosen mit einem Pürierstab pürieren. Mit Gelierzucker und Zitronensäure vermischen. 3 Minuten aufsprudeln lassen, in saubere Twist-off-Gläser füllen.

Riesling-Weingelee

Kochen Sie gleich mehr – ein tolles Mitbringsel.

▶ Für den Vorrat

Gelingt leicht weizenfrei · glutenfrei

15 Min.

900 ml Riesling, halbtrocken · 500 g Extra-Gelierzucker (2 : 1)

- Wein mit Gelierzucker unter ständigem Rühren aufkochen. Kurz aufsprudeln lassen und in saubere Twist-off-Gläser einfüllen. Mindestens 24 Stunden stehen lassen.

Apfelgelee

Besonders gut aus säuerlichen Äpfeln.

▶ Für den Vorrat

Gelingt leicht weizenfrei · glutenfrei

15 Min.

900 ml frisch gepresster Apfelsaft · 500 g Extra-Gelierzucker (2 : 1) · 1 Pck. Zitronensäure

- Gemäß Packungsanleitung den Saft und die Zitronensäure unter ständigem Rühren in einem Topf erhitzen. Kurz aufsprudeln lassen, in saubere Twist-off-Gläser füllen.

Traubengelee

Je nach Laune können Sie hellen oder dunklen Saft verwenden.

▶ Für den Vorrat

Gelingt leicht weizenfrei · glutenfrei

15 Min.

900 ml Bio-Traubensaft · 1 Paket Extra-Gelierzucker (2 : 1)

- Traubensaft mit Gelier-Zucker gut durchmischen. Alles gemäß Packungsanleitung aufkochen, in saubere Twist-off-Gläser füllen und auskühlen lassen.

Kräuterpesto

Schmeckt lecker auf frischem Toast.

▶ Für 2 Personen

Gelingt leicht weizenfrei · glutenfrei

15 Min.

2 EL Pinienkerne · 1 Knoblauchzehe · 100 ml Olivenöl · 1 EL Kräuter der Provence, getrocknet

- Die Pinienkerne und die Knoblauchzehe in einem Mörser zerdrücken. Beides in das Olivenöl mischen und die Kräuter unterrühren.

▶ Mögliche Laktosequelle

Kräuter

Schnittlauchstreich

Auch lecker mit frischem Dill, Kerbel oder Basilikum.

▶ Für 4 Personen

Geht schnell weizenfrei · glutenfrei

10 Min.

3 EL laktosefreie Margarine · 1 EL Schnittlauchröllchen

- Schnittlauchröllchen gleichmäßig unter die Margarine ziehen.

Tipp

Braten Sie Rührei und Tomaten im Schnittlauchstreich, das schmeckt herrlich.

Kürbissuppe

Ideal für kalte Wintertage.

▶ Für 4 Personen

Braucht etwas mehr Zeit

weizenfrei · glutenfrei

20 Min. + 40 Min. Garzeit

1,4 kg Hokkaido-Kürbis · 1 Zwiebel · 1 EL Margarine · 1 EL gekörnte Gemüsebrühe (Cenovis) · 400 g Kartoffeln · ½ Stange Lauch · Salz | Pfeffer, frisch gemahlen · 1 EL Kürbiskerne · 1 Bund Petersilie

- Den Kürbis waschen, halbieren und die Kerne entfernen. Das Fruchtfleisch in kleine Stücke schneiden. Die Zwiebel schälen, würfeln. Kürbis und Zwiebeln in der Margarine anbraten. Kartoffeln schälen, würfeln. Lauch gründlich waschen und in Ringe schneiden. ¾ Liter Wasser zugeben, die Gemüsebrühe einrühren, Lauch und Kartoffeln zugeben und etwa 15–20 Min. kochen.
- Sobald der Kürbis zerfällt und die Kartoffeln weich sind, die Suppe pürieren. Anschließend die Kürbiskerne in einer Pfanne ohne Fett anrösten, dann grob hacken. Die Suppe mit den Kürbiskernen und etwas Petersilie bestreuen und servieren.

▶ Mögliche Laktosequelle

Gemüsebrühe, Margarine

Tipp

Einen Schuss Sojasahneersatz zugeben, das macht die Suppe cremiger.

KLEINE GERICHTE

Gemüsesuppe

Ein Grundrezept, das Sie beliebig mit feinen Nudeln oder selbst gemachten Klößchen aufpeppen können.

▶ Für 6 Portionen

Gut vorzubereiten **weizenfrei · glutenfrei**

15 Min. + 30 Min. Garzeit

2 große Gemüsezwiebeln · 2 Stangen Lauch · 4 große Karotten · 1 kleines Stück Sellerie · 1 l Gemüsebrühe · 1 EL laktosefreie Margarine · Salz | Pfeffer, frisch gemahlen · etwas Petersilie

- Zwiebeln schälen und in schmale Ringe schneiden. Lauchstangen der Länge nach aufschneiden, gründlich unter fließendem Wasser abspülen und ebenfalls in Ringe oder Streifen schneiden. Karotten und Sellerie waschen und in kleine Würfel schneiden.
- Margarine in einem Topf erhitzen, erst Zwiebeln zugeben und leicht andünsten, dann das restliche Gemüse hinzufügen und mitdünsten (20 Min. insgesamt). Langsam mit Brühe auffüllen und garen. Mit Pfeffer und Salz abschmecken. Petersilie waschen, hacken und in die Suppe einstreuen.

▶ Variante

Statt Lauch können Sie auch Erbsen in die Brühe einrühren. Diese sollten aber nicht mit angedünstet werden, sondern nur einige Minuten in der Brühe garen. So bleiben sie knackiger.

▶ Mögliche Laktosequelle

Gemüsebrühe

Tipp

Die Reste der Brühe können Sie in kleine Döschen füllen und einfrieren. Sie eignen sich prima zum Verfeinern von Bratensaucen.

Bohnen-Zucchini-Suppe mit Petersilienpesto

Durch Tofu und Petersilienpesto wird die Suppe zu einem echten Highlight.

▶ Für 2 Personen

Gut vorzubereiten **20 Min. + 30 Min. Garzeit**

Für die Suppe: ½ Bund Suppengrün · 1 Zucchini · 3 Zweige Thymian · 1 Zwiebel · 80 g Brechbohnen · laktosefreie Margarine · 350 – 400 ml Gemüsebrühe · 1 getrocknetes Lorbeerblatt · 1 Msp. Muskatnuss, frisch gerieben · 30 g Dinkelnudeln · 150 g geräucherter Tofu

Für das Petersilienpesto: 1 Zwiebel · 1 Bund Petersilie · 1 EL Olivenöl · Salz | Pfeffer, frisch gemahlen

- Suppengrün und Zucchini waschen, Suppengrün klein schneiden, Zucchini in Scheiben schneiden. Thymianblättchen abzupfen. Zwiebel abziehen und fein würfeln. Bohnen waschen, putzen und in mundgerechte Stücke schneiden.
- Margarine in einem Topf erwärmen, die Zwiebeln zugeben und glasig dünsten. Das gesamte Gemüse zufügen und mitdünsten. Brühe angießen, Lorbeerblatt hinzufügen, alles kurz aufkochen. Zum Schluss die Dinkelnudeln dazugeben und alles etwa 10 Min. köcheln lassen. Lorbeerblatt aus der Suppe entfernen.
- Für das Petersilienpesto die Zwiebel schälen und fein würfeln. Petersilie abbrausen, trocken schütteln und fein hacken. Zwiebeln mit Petersilie und Olivenöl in einem Mörser zerreiben, bis eine Paste entsteht. Mit Pfeffer und Salz würzen.
- Den Tofu mit dem Petersilienpesto bestreichen, in kleine Würfel schneiden und auf die Suppe legen.

▶ Mögliche Laktosequelle

Gemüsebrühe, Petersilienpesto, wenn Sie es nicht selbst herstellen

Tipp

Ersetzen Sie die Dinkelnudeln und Sie haben eine glutenfreie Suppe.

Linsensuppe

Die Suppe ist schnell gekocht und sättigt lang anhaltend.

► Für 4 Personen

Preisgünstig **weizenfrei · glutenfrei**

10 Min. + 20 Min. Garzeit

1 kleines Stück Sellerie · 1 kleines Stück Lauch (nur weiße Teile) · 1 Möhre · 1 EL laktosefreie Margarine · 500 g getrocknete gelbe Linsen · 3–4 Kartoffeln · 2 EL gekörnte Gemüsebrühe (Cenovis) · Salz

- Das Gemüse putzen und klein schneiden. Margarine im Topf zergehen lassen. Das Suppengemüse dazugeben und kurz andünsten. Linsen hinzufügen und mit 1 l Wasser auffüllen. Kartoffeln schälen, in kleine Würfel schneiden und hinzufügen.
- Die Suppe kochen, bis die Linsen auseinanderfallen und die Suppe sämig wird. Die Suppe mit dem Pürierstab fein pürieren und, falls nötig, nach Bedarf noch einmal wenig Wasser nachfüllen. Mit Gemüsebrühe und Salz abschmecken.

► Mögliche Laktosequelle

Gemüsebrühe

Kräutersüppchen

Eine schnell gemachte Vorspeise.

► Für 4 Personen

Gelingt leicht

weizenfrei · glutenfrei

20 Min. + 20 Min. Garzeit

250 g mehlig kochende Kartoffeln · 1 Zwiebel · 1 l Gemüsebrühe · 1 Bund Petersilie · 1 Bund Schnittlauch · 1 Kästchen Kresse · 150 g Spinat · 100 g Sojasahneersatz · Salz | Pfeffer, frisch gemahlen

- Kartoffeln waschen, schälen, würfeln. Zwiebel schälen, klein hacken. Einen Topf mit der Gemüsebrühe aufsetzen, die Kartoffeln und Zwiebeln zugeben, kurz aufkochen und etwa 15 Min. köcheln lassen.
- Kräuter und Spinat waschen, alles grob hacken. In die Brühe geben und wenige Minuten ziehen lassen, abschließend einmal kurz aufkochen. Pürieren, Salz, Pfeffer und Sojasahneersatz hinzugeben und servieren. Wichtig: Die Suppe nicht ein zweites Mal erwärmen.

► Mögliche Laktosequelle

Gemüsebrühe, Sojasahne

Laktosefreie Gurkenkaltschale

Das Rezept zum Foto auf dem Cover.

► Für 4 Personen

Gelingt leicht

15 Min. + 30 Min. Ziehzeit

1 mittelgroße Salatgurke · ½ Bund Schnittlauch und etwas Dill (nach Geschmack) · 50 ml Brühe (Frugola) · 250 g Soja-Joghurtalternative Natur (z. B. Alpro) · 50 ml Sojasahne (z. B. Natumi) · 1 Zwiebel · Salz | Pfeffer, frisch gemahlen

- Gurke schälen, in kleine Würfel schneiden, Zwiebel schälen, mit einem Wiegemesser klein hacken. Die Kräuter waschen, trocken schütteln und mit einem Wiegemesser fein schneiden. ⅓ der Gurkenwürfel mit dem Mixer in der Brühe pürieren, anschließend mit den Zwiebeln im Sojajoghurt vermischen. Kräftig mit Pfeffer und Salz abschmecken.
- Die klein gehackten Kräuter und Gurkenwürfel dazugeben. Abschmecken und evtl. mit Sojasahne verlängern. Nach Möglichkeit mindestens 30 Min. im Kühlschrank ziehen lassen.

► Mögliche Laktosequelle

Gemüsebrühe, Soja-Joghurtalternative, Sojasahne

Nudelsalat mit Steinpilzen

Der Salat schmeckt mit Cashewkernen einfach prima!

▶ Für 4 Personen

Braucht etwas mehr Zeit

45 Min. + 60 Min. Ziehzeit

Für den Salat: 30 g getrocknete Steinpilze · 6 Tomaten · 3 Lauchzwiebeln · 5 in Öl eingelegte Tomatenhälften (Antipasti) · 50 g gehackte Cashewkerne · frisches Basilikum · 500 g Spaghetti

Für die Marinade: 6 EL Olivenöl · 2 EL Balsamico-Essig · 2 EL Apfelsaft · 1 TL gekörnte Gemüsebrühe · Salz | Pfeffer, frisch gemahlen

- Pilze abspülen und 30 Min. in kochendem Wasser einweichen. Tomaten heiß überbrühen, häuten und in kleine Würfel schneiden. 5 EL Pilzsud abnehmen, dann die Pilze durch ein Sieb gießen und etwa 15 Min. in frischem Wasser leicht köcheln lassen.
- Lauchzwiebeln fein schneiden. Eingelegte Tomaten klein würfeln. Cashewkerne und Basilikum fein hacken. Aus dem Pilzsud und den Marinadenzutaten eine Sauce rühren. Alle Zutaten damit vermischen und etwa 1 Stunde ruhen lassen. Spaghetti al dente kochen, abkühlen lassen und alle Zutaten gut miteinander vermischen.

▶ Mögliche Laktosequelle

eingelegte Tomaten, Gemüsebrühe

Rindfleischsalat

Ein sättigender Sommersalat.

▶ Für 6 Portionen
Braucht etwas mehr Zeit
weizenfrei · glutenfrei
30 Min. + 3 Stunden Ziehzeit
500 g mageres Rindfleisch, gekocht · 3 kleine rote Zwiebeln · 1 gelbe Paprikaschote · 2 Tomaten · 2 Gewürzgurken · 1 Apfel · Zutaten für die Remouladensauce (S. 46) · etwas Gurkenwasser

- Das Rindfleisch in Würfel schneiden. Die Zwiebeln fein würfeln. Das restliche Gemüse und den Apfel putzen und fein würfeln.
- Die Remouladensauce herstellen, nach Geschmack mit etwas Gurkenwasser mischen. Rindfleisch, Zwiebeln und alle restlichen Zutaten zugeben. Mindestens 3 Stunden im Kühlschrank ziehen lassen.

▶ Mögliche Laktosequelle
Gewürzgurken

Tipp
Der Salat schmeckt prima zu Kräuterbaguette. Hierzu 1 zerdrückte Knoblauchzehe, 3 EL laktosefreie Margarine und 1 EL Kräuter der Provence gut vermischen. Ein Baguette einschneiden, die Zwischenräume mit dem Kräuteraufstrich füllen, in Alufolie einschlagen und etwa 10 Min. bei 150 Grad im Backofen backen.

Reissalat mit Hähnchenfleisch

Prima am Vortag zuzubereiten und mit ins Büro zu nehmen.

▶ Für 4 Personen
Gut vorzubereiten
weizenfrei · glutenfrei
30 Min.
200 g Basmatireis · 3 gegrillte Hähnchenschenkel vom Vortag · 6 Champignons · 10 Kirschtomaten · 1 Glas Tomatenpaprika · 2 EL Zitronenessig · 6 EL Rapsöl · 3 EL Soja-Joghurtalternative · Zucker · Salz | Pfeffer, frisch gemahlen · Kräuter der Provence

- Basmatireis nach Packungsanweisung kochen, abkühlen lassen. Das Fleisch vom Knochen lösen und in kleine Würfel schneiden, Haut entfernen. Champignons und Tomaten waschen, anschließend in Scheiben oder Würfel schneiden.
- Tomatenpaprika aus dem Glas nehmen und würfeln. Aus Essig, Öl, Sojajoghurt, Zucker, Salz und den Kräutern eine kräftige Sauce zubereiten. Mit etwas Tomaten-Paprika-Sud verlängern. Marinade unter die Salatzutaten mischen.

▶ Mögliche Laktosequelle
Tomatenpaprika, Soja-Joghurt-alternative, Kräuter

Tipp
Die Sauce etwa 1 Stunde ziehen lassen. Sie können auch Reis vom Vortag verwenden.

Spargel-Brokkoli-Salat

Eine interessante Mischung, die auch auf Partys gut ankommt.

▶ Für 4 Personen
Braucht etwas mehr Zeit
weizenfrei · glutenfrei
40 Min.
500 g Spargel (Bruch) · 1 kleiner Brokkoli · 6 mittelgroße Pellkartoffeln vom Vortag · 3 große Strauchtomaten · 2 hart gekochte Eier · 1 Bund Schnittlauch · 1 EL gekörnte Gemüsebrühe (Frugola) · 2 EL Balsamico-Essig · 6 EL Öl · 1 Pr. Zucker · 1 Pr. Salz · Pfeffer · Muskatnuss · 3 EL Mayonnaise (Miracel Whip) · 100 ml Spargelwasser

- Spargel und Brokkoli in Salzwasser garen, 100 ml des Spargelwassers auffangen. Den Spargel in kleine Stücke schneiden und den Brokkoli in Röschen teilen. Kartoffeln pellen und fein würfeln. Tomaten in Scheiben schneiden. Eier schälen und würfeln. Schnittlauch waschen, in Röllchen schneiden.
- Essig, Öl, Zucker, Salz, Pfeffer und Mayonnaise zu einer Marinade rühren. Schnittlauchröllchen hinzufügen und mit dem Spargelwasser aufgießen. Brokkoli, Spargel, Kartoffeln, Tomaten und Eier mischen, mit Marinade übergießen und 2 bis 3 Stunden ziehen lassen. Mit Muskat abschmecken.

▶ Mögliche Laktosequelle
Mayonnaise, Gemüsebrühe

Rote-Bete-Kartoffel-Salat

Deftig und nussig!

▶ Für 4 Personen
Gut vorzubereiten
weizenfrei · glutenfrei
30 Min. + 60 Min. Ziehzeit

500 g Pellkartoffeln · 12 halbe Walnüsse · 1 Glas Cornichons (klein) · 500 g gegarte Rote Bete · Zutaten für das Balsamico-Dressing (S. 43)

- Kartoffeln pellen und mithilfe des Eierschneiders in Scheiben schneiden. Rote Bete zweimal durch den Eierschneider geben, sodass kleine Stücke entstehen, keine Scheiben.
- Gurken in feine Scheiben schneiden, Walnusshälften hacken. Das Dressing zubereiten und die Rote Bete, die Kartoffeln und Gurken zugeben, 1 Stunde ziehen lassen. Alle Zutaten mischen, mit Pfeffer, Salz und etwas Gurkenwasser abschmecken.

▶ Variante

Der Salat schmeckt prima mit gewürfeltem Heringsfilet (dann 3 EL Mayonnaise zugeben). Auch lecker: klein gewürfelte gekochte Rindfleischstückchen und zusätzlich etwas Gurkenwasser zugeben.

Champignon-Tomaten-Salat

Ein schöner Sommersalat, lauwarm serviert.

▶ Für 4 Personen
Gelingt leicht
weizenfrei · glutenfrei
30 Min.

100 g Rukola · 400 g Kirschtomaten · 500 g Champignons · 4 Stängel Thymian · 1 Knoblauchzehe · 5 EL Olivenöl · 1 TL Zucker · Saft von 1 Zitrone · 2 EL Essig · Salz | Pfeffer, frisch gemahlen

- Tomaten waschen und halbieren. Rukola putzen und waschen, beiseite stellen. Champignons putzen und halbieren. Knoblauch schälen, in Würfel schneiden, Thymianblättchen abzupfen.
- 3 EL Öl in der Pfanne erhitzen, halbierte Champignons zugeben, goldbraun anbraten. Zucker einstreuen, Knoblauch zufügen und das restliche Olivenöl. Das Ganze nur kurz schmoren. Mit dem Saft der ausgepressten Zitrone und dem Essig ablöschen. Thymian zugeben, mit Salz und Pfeffer abschmecken.
- Die Champignons über die Rukola-Tomaten-Mischung geben und lauwarm servieren.

▶ Das passt dazu

Lecker mit frischem Baguette.

Blütenkräutersalat

Dieser Salat duftet nicht nur herrlich, sondern sieht auch so aus.

▶ Für 1 Person
(entspricht 100 g Salatkräutern)
Gelingt leicht
weizenfrei · glutenfrei
15 Min.

10 Gewürztagetes-Blüten · 10 Hornveilchen-Blüten · 80 g gemischte Kräuter (Mangold, Rote Bete, Rukola) · Zutaten für das Sommer-Dressing (S. 43)

- Blüten waschen und abtropfen lassen. Salatkräuter putzen, waschen und abtropfen lassen. Das Sommer-Dressing zubereiten. Salatkräuter in 2 cm breite Streifen schneiden. Kräuter abwechselnd mit den Blüten in die Schüssel mit dem Dressing geben.
- Wichtig: Den Salat erst kurz vor dem Servieren durchmischen! Wenn Sie die Zutaten nicht einzeln kaufen können, gibt es eine gute Fertigmischung von Swangolt.

▶ Das passt dazu

Kartoffelwaffeln (S. 82).

Kartoffelsalat

Ein beliebter Klassiker. Auch prima: die Variante mit Gurken.

▶ Für 4 Personen
Preisgünstig
weizenfrei · glutenfrei
40 Min. + 60 Min. Ziehzeit

1 kg Salatkartoffeln · 2 große Zwiebeln · 1 Bund Petersilie · 1 Bund Schnittlauch · Olivenöl · 1 EL gekörnte Gemüsebrühe · Essig · 1 Pr. Zucker · Salz | Pfeffer, frisch gemahlen

- Die Kartoffeln am besten am Vortag kochen und pellen. Nach dem Auskühlen in Scheiben schneiden. Zwiebeln schälen, würfeln. Petersilie und Schnittlauch waschen und hacken.
- Wenig Öl in der Pfanne erhitzen, Zwiebeln darin auslassen. Mit etwas Wasser ablöschen, dann die Gemüsebrühe dazugeben. Pfanneninhalt in eine Schüssel geben, Kartoffeln vorsichtig untermischen und mindestens 1 Stunde ziehen lassen. Vor dem Servieren kräftig mit Essig, etwas Zucker, Salz und Pfeffer abschmecken.

▶ Variante

Mit einer in Scheiben geschnittenen Salatgurke haben Sie einen leckeren Kartoffel-Gurken-Salat.

▶ Mögliche Laktosequelle

Gemüsebrühe

Joghurt-Dressing

Lecker zu allen Blattsalaten und auch als Dip sehr gut.

▶ Für 4 Personen

Gelingt leicht ⏲ **5 Min.**

1 Zwiebel · 1 EL frische Kräuter (Schnittlauch, Petersilie, Bohnenkraut) · 6 EL Olivenöl · 2 EL Zitronenessig · Salz | Pfeffer, frisch gemahlen · 1 Pr. Zucker · 3 EL Soja-Joghurtalternative

- Zwiebel schälen und fein würfeln. Kräuter waschen, hacken. Alle Zutaten zusammenrühren mit Pfeffer und Salz abschmecken.

▶ Variante

Rosmarin oder Salbei verwenden.

▶ Mögliche Laktosequelle

Soja-Joghurtalternative

Balsamico-Dressing

Passt gut zu Blattsalat und Spitzkohl.

▶ Für 4 Personen

Preisgünstig weizenfrei · glutenfrei

5 Min.

3 EL Öl · 1 EL Balsamico-Essig · 2 EL Rotwein · Salz | Pfeffer, frisch gemahlen · Zucker · 1 EL Kräuter (z. B. Kerbel, Schnittlauch, Petersilie, Estragon)

- Alle Zutaten miteinander verrühren.

Vinaigrette

Der Klassiker – prima zu knackigem Römersalat.

▶ Für 4 Personen

Braucht etwas mehr Zeit weizenfrei · glutenfrei

10 Min.

3 hartgekochte Eier · 1 Bund Schnittlauch · 1 Bund Petersilie · 3 EL Olivenöl · 2 TL Himbeeressig · 3 EL Wasser · 1 TL scharfer Senf · Salz | Pfeffer, frisch gemahlen · frischer Estragon (nach Geschmack)

- Eier pellen und fein hacken. Kräuter waschen und möglichst klein schneiden. Alle Zutaten verrühren.

▶ Mögliche Laktosequelle

Senf

Sahne-Dressing

Passt gut zu kräftigen Salaten.

▶ Für 8 Portionen

Geht schnell weizenfrei · glutenfrei

5 Min.

1 Zwiebel · frische Kräuter (z. B. Schnittlauch, Petersilie, Borretsch etc.) · 6 EL Olivenöl · 2 EL Balsamico-Essig · Salz | Pfeffer, frisch gemahlen · 1 Pr. Zucker · 250 ml Sojasahne

- Zwiebel schälen und fein würfeln, Kräuter klein hacken. Alle Zutaten zusammenrühren.

▶ Variante

Mit Thymian und Oregano schmeckt das Dressing italienisch. Erfrischend wird es mit Sojajoghurt statt Sojasahne.

▶ Mögliche Laktosequelle

Sojasahne

Sommerdressing

Das beste Dressing für Tomatensalat.

▶ Für 4 Personen

Preisgünstig weizenfrei · glutenfrei

6 Min.

1 EL Zitronenessig · 1 TL Zucker · 3 EL Rapsöl · Salz | Pfeffer, frisch gemahlen · 1 Bund Schnittlauch

- Essig und Zucker gut verrühren. Öl zugeben. Nach Geschmack mit Pfeffer, Salz und Schnittlauchröllchen würzen.

▶ Variante

Statt Schnittlauch schmeckt auch Dill prima.

Avocado-Kiwi-Smoothie

Ein grüner Smoothie, sättigend dank Avocado.

▶ Für 2 Personen
Gelingt leicht weizenfrei · glutenfrei
15 Min.
Saft von 1 Limette · 1 Avocado · 2 Kiwis · 100 ml Apfelsaft · 100 ml Mineralwasser · 4 Blatt Zitronenminze · 4 Minzblätter

- Avocado halbieren, entkernen und das Fruchtfleisch mit einem Teelöffel herausschaben. Kiwi schälen, in Scheiben schneiden. 2 Scheiben beiseite legen. Den Apfel- und Limettensaft in ein hohes Gefäß geben. Kiwi und Avocado dazugeben und alles kräftig pürieren.
- Mischung auf 2 Gläser verteilen, mit Mineralwasser auffüllen. Kiwischeiben am Glasrand aufstecken, Minzblätter dazugeben. Wer mag, kann noch Eiswürfel hinzufügen.

Mango-Kokos-Smoothie

Schön sämig mit Kokosmilch.

▶ Für 4 Personen
Gelingt leicht weizenfrei · glutenfrei
20 Min.
2 Mangos · 1 Apfelsine · 500 ml ungesüßte Kokosmilch · 1 EL Puderzucker · 1 Prise Zimt · 1 Prise Ingwer · 2 Minzblätter

- Die Mangos schälen und entkernen. Die Apfelsine halbieren, von einer Hälfte 4 Scheiben schneiden, beiseite legen. Die andere Hälfte auspressen.
- Kokosmilch, Apfelsinensaft und Mango in ein hohes Gefäß geben, pürieren. Saft gleichmäßig auf 4 Gläser verteilen, mit Minze garnieren und Apfelsinenscheiben auf den Rand stecken.

Bananen-Orange-Smoothie

Ein toller Vitaminkick im Winter.

▶ Für 4 Personen
Gelingt leicht weizenfrei · glutenfrei
15 Min.
600 ml frisch gepresster Orangesaft · 1 Banane · 4 EL Honig · 200 ml Sojamilch · 5 EL Reisflocken · 1 EL Schokoraspeln

- Reisflocken in die Sojamilch geben und 10 Min. quellen lassen. Banane und Orangensaft in ein hohes Gefäß geben und pürieren
- Reisflocken und Sojamilch unter Zugabe von Honig verquirlen, auf die Orangen-Sojamilch geben und auf 4 Gläser verteilen. Mit ein paar Schokoraspeln garnieren.

Möhren-Apfel-Smoothie

Mithilfe des Entsafters im Handumdrehen fertig.

▶ Für 4 Personen
Gelingt leicht weizenfrei · glutenfrei
5 Min.
6 Karotten · 2 Äpfel · 1 EL gemahlene Mandeln

- Karotten und Äpfel waschen und schälen, durch den Entsafter geben. Auf vier Gläser verteilen und mit den gemahlenen Mandeln bestreuen.

Kirsch-Joghurt-Smoothie

Kinder lieben den pinken Kirsch-Smoothie!

▶ Für 4 Personen

Gelingt leicht **weizenfrei · glutenfrei**

15 Min.

300 g Sauerkirschen · 100 ml Kirschsaft · 200 g Soja-Joghurtalternative · einige Blättchen frische Minze

- Die Kirschen waschen, entsteinen und zusammen mit dem Kirschsaft und der Soja-Joghurtalternative pürieren. Ist der Smoothie zu sauer, einfach mit wenig Honig nachsüßen. Den Drink mit frischer Minze dekorieren.

WISSEN

Smoothies

Smoothies sind derzeit der Renner unter den Powerdrinks. Sie zeichnen sich durch ihren natürlichen Fruchtgehalt aus. Im Sommer sind sie ein idealer Erfrischungstrunk, im Winter ein willkommener Vitaminlieferant.

Guacamole

Prima zu Gerichten aus der Tex-Mex-Küche.

▶ Für 4 Personen
Gut vorzubereiten
weizenfrei · glutenfrei
15 Min. + 10 Min. Ziehzeit

2 Avocados · Saft von 1 Limette (wahlweise Zitrone) · 50 g Soja-Joghurtalternative (z. B. Yofu Natur/Alpro) · 1 Knoblauchzehe · Salz | Pfeffer, frisch gemahlen

- Avocado halbieren, den Kern entfernen und das Avocadofleisch mit der Gabel zerdrücken. Limettensaft sofort untermischen, da das Mus sonst braun wird.
- Soja-Joghurtalternative einrühren, mit Pfeffer, Salz und dem Saft der zerdrückten Knoblauchzehe abschmecken. Mindestens 10 Min. ziehen lassen.

▶ Mögliche Laktosequelle
Soja-Joghurtalternative

Tomaten-mayonnaise

Passt prima auf den Abendbrottisch.

▶ Für 2 Personen
Gelingt leicht
weizenfrei · glutenfrei
15 Min.

Zutaten für das Mayonnaise-Grundrezept (125 g Mayonnaise, S. 25) · 1 Tomate · 1 Zwiebel · 3 EL reines Tomatenmark · 1 EL getrocknete Petersilie · 1 EL getrockneter Schnittlauch · Pfeffer

- Die Mayonnaise nach Grundrezept zubereiten. Tomate mit kochendem Wasser überbrühen, häuten und würfeln. Zwiebel schälen und sehr fein würfeln. Tomaten, Zwiebeln und alle angegebenen Zutaten in die Mayonnaise einrühren.

▶ Variante
Tauschen Sie das Tomatenmark gegen 2 EL Meerrettich aus, und Sie erhalten eine feine Meerrettich-Sauce.

▶ Mögliche Laktosequelle
Meerrettich

Remouladensauce

Vom Dip bis zum schnellen Mittagessen vielseitig einsetzbar.

▶ Für 4 Personen
Braucht etwas mehr Zeit
weizenfrei · glutenfrei
20 Min.

Zutaten für das Mayonnaise-Grundrezept (250 g Mayonnaise, S. 25) · 2 hart gekochte Eier · 2 kleine Gewürzgurken · 1 kleine Zwiebel · 2 EL Senf · 1 EL Kräuter, gehackt · 1 Bund Schnittlauch · Salz | Pfeffer, frisch gemahlen

- Die Mayonnaise nach Grundrezept zubereiten. Eier schälen und klein hacken. Gewürzgurken würfeln. Zwiebeln schälen und möglichst klein würfeln. Eier, Gurken, Zwiebelwürfel und Senf mit der Mayonnaise vermischen. Evtl. etwas Gurkensud unterrühren, je nach Geschmack. Schnittlauch in Röllchen schneiden, in die Sauce einrühren. Mit Pfeffer und Salz abschmecken.

▶ Das passt dazu
Serviert zu Pellkartoffeln und Salat ein komplettes Mittagessen! Auch lecker zu kaltem Braten.

▶ Mögliche Laktosequelle
Gewürzgurken, Senf

▶ Remouladensauce

Milchfreies Tsatsiki

Mindestens genauso gut wie das Original.

▶ Für 4 Personen

Geht schnell **weizenfrei · glutenfrei**

10 Min. + 1 Stunde Ziehzeit

1 großer Becher Soja-Joghurtalternative (z. B. Alpro Yofu natur) · 4 – 5 EL Sojacreme · ½ Salatgurke · 1 EL Zwiebelwürfel · Schnittlauch · Petersilie · 1 Knoblauchzehe · Salz | Pfeffer, frisch gemahlen

- Soja-Joghurtalternative und Sojacreme mischen. Salatgurke vierteln und in kleine Stückchen schneiden oder grob reiben auf der Gemüsereibe. Mit den Zwiebeln in die Creme einrühren. Schnittlauch und Petersilie hacken. Knoblauchzehe pressen, in die Sauce geben, mit Salz und Pfeffer abschmecken. 1 Stunde kühl stellen.

▶ Mögliche Laktosequelle

Soja-Joghurtalternative, Sojacreme

Kalte Dornfelder-Sauce

Nicht nur ein leckerer Dip, sondern passt auch zu Wild und Braten.

▶ Für 4 Personen

Gelingt leicht weizenfrei · glutenfrei

10 Min.

2 – 3 EL Dornfelder-Weingelee (S. 32) · Zitronensaft nach Geschmack · 1 TL Zwiebeln (möglichst fein gerieben) · 1 EL scharfer Senf · 4 EL Dornfelder Rotwein · Salz | Pfeffer, frisch gemahlen

- Dornfelder-Weingelee auf kleiner Flamme verflüssigen, die restlichen Zutaten zugeben. Mit Pfeffer und Salz abschmecken und abkühlen lassen.

▶ Variante

Gewürztraminer verwenden, das gibt dem Ganzen eine blumigere Note.

▶ Mögliche Laktosequelle

Senf

Riesling-Apfel-Sauce

Interessanter Dip für Fisch und Fleisch.

▶ Für 4 Personen

Gelingt leicht weizenfrei · glutenfrei

30 Min.

2 Äpfel (Boskop) · ½ l Rieslingwein · 2 EL Riesling-Weingelee (S. 33) · Salz · 1 Pr. geriebener Ingwer · 1 Pr. Zimt · 1 Pr. Zucker · 1 EL Meerrettich · 125 g Mayonnaise (S. 25)

- Äpfel im Wein andünsten, bis sie zerfallen. Das Weingelee hinzufügen. Salz, Ingwer, Zimt, Zucker und Meerrettich einrühren, süßsauer abschmecken. Die Sauce abkühlen lassen und mit der Mayonnaise vermischen.

▶ Mögliche Laktosequelle

Meerrettich

Scharfes Gewürzöl

Lecker auf Wraps, Pizza, Bruschetta oder zu Grillfleisch.

▶ Für 1 Flasche

Gelingt leicht weizenfrei · glutenfrei

14 Tage Ziehzeit + 15 Min.

3 EL getrocknete Kräuter der Provence · je 15 schwarze und weiße Pfefferkörner · 6 – 8 getrocknete Chilischoten · ¾ l kalt gepresstes Olivenöl

- Kräuter, Pfefferkörner und Chilischoten in eine verschließbare Flasche füllen. Mit Olivenöl auffüllen und mindestens 14 Tage an einem nicht zu kalten Ort ziehen lassen. Zwischendurch immer wieder schütteln.

▶ Variante

Auch reines Thymian- oder Rosmarinöl schmeckt prima!

▶ Das passt dazu

Auch als Marinade für Grill-Steaks geeignet!

▶ Mögliche Laktosequelle

Kräutermischungen

Forelle mit Meerrettich

Abendessen oder Kleinigkeit für Gäste.

▶ Für 1 Portion

Gelingt leicht 15 Min.

4 Blätter Kopfsalat · 1 Eiertomate · 1 TL laktosefreie Margarine (z. B. Alsan S) · 1 EL Meerrettich · 2 geräucherte Forellenfilets · etwas Preiselbeermarmelade · 1 Stängel Petersilie · 2 Scheiben Toast (siehe Einkaufsliste)

- Salat waschen, vier schöne Blätter heraussuchen. Tomate in Scheiben schneiden. Margarine mit einem Löffel zu einer Kugel formen. Forellenfilets auf den Teller legen, einen Klecks Meerrettich mit Marmelade und eine Margarinekugel dazusetzen.
- Mit Salat, Tomaten und Petersilie garnieren. Den Toast toasten und diagonal durchschneiden.

▶ Mögliche Laktosequelle

Margarine, Meerrettich, Forellenfilet (falls gewürzt), Toast

Kalter Braten mit Weinsauce

Das besondere Häppchen für liebe Gäste.

▶ Für 1 Portion

Gut vorzubereiten weizenfrei · glutenfrei

25 Min.

Zutaten für die Dornfelder-Sauce (S. 48) · 4 Blätter Kopfsalat · 3 Scheiben kalter Bratenaufschnitt · 1 Handvoll Trauben · 1 EL Meerrettich

- Die Dornfelder-Sauce (S. 48) zubereiten. Salat waschen und einen Teller mit den Blättern auslegen. Die Bratenscheiben fächerförmig darauf verteilen. 1 EL Meerrettich und 1 EL Sauce daneben setzen und mit den Trauben garnieren.

▶ Mögliche Laktosequelle

Meerrettich, Senf

Eiersalat mit Räucheraal

Eine feine Leckerei fürs Büfett.

▶ Für 4 Personen

Gut vorzubereiten weizenfrei · glutenfrei

40 Min.

1 kleiner Kopfsalat · 2 EL Kapern · ½ Zwiebel · 1 Bund Petersilie · 4–5 EL Soja-Joghurtalternative · 2 TL Senf · 1–2 EL Balsamico-Essig · 6 hart gekochte Eier · Salz | Pfeffer, frisch gemahlen · Zucker · 300 g geräucherter Aal · 6 Tomaten

- Kopfsalat waschen und ein paar schöne Blätter abtrennen. Vier Teller mit den Blättern auslegen. Kapern klein hacken, Zwiebel würfeln, Petersilie waschen und hacken.
- Soja-Joghurtalternative, Senf und Balsamico vermischen. Mit Salz, Pfeffer und Zucker abschmecken. Kapern, einen Teil der Petersilie und Zwiebelwürfel untermischen.
- Eier schälen. Vier davon würfeln, die restlichen beiden in Scheiben schneiden. Die gewürfelten Eier in das Dressing einrühren. 4 Tomaten heiß überbrühen, häuten, würfeln, in das Dressing geben. Die beiden restlichen Tomaten in Scheiben schneiden.
- Salat auf den Salatblättern verteilen, einen kleinen Rest zurückbehalten. Die Eischeiben wechselweise mit den Tomatenscheiben darauflegen.
- Räucheraal in Stücke schneiden, gleichmäßig auf die Teller verteilen. In jede Tellermitte noch einmal ein Klecks des Salats geben und mit der restlichen Petersilie bestreuen.

▶ Das passt dazu

Schmeckt prima mit Kartoffelwaffeln (S. 82) oder auch mit Baguette.

▶ Eiersalat mit Räucheraal

Gefüllte Pitataschen

Hmm, genießen Sie diesen herzhaften Snack mit milchfreiem Tsatsiki.

▶ Für 4 Personen

Gut vorzubereiten ⏲ **20 Min.**

4 Pitataschen (Pita/Mestemacher) · 1 große Zwiebel · 3 mittelgroße Tomaten · 2 EL scharfes Gewürzöl (S. 49) · 200 g Schweinefiletstreifen · Salz | Pfeffer, frisch gemahlen · 1 Portion milchfreie Tsatsikisauce (S. 48) · 4 große Blätter Kopfsalat · 1 Packung Weißkrautsalat (Nadler)

- Die Pitataschen nacheinander toasten. Die Zwiebel schälen und würfeln, die Tomaten ebenfalls in Würfel schneiden. Das scharfe Gewürzöl in der Pfanne erhitzen und die Filetstreifen darin andünsten. Zwiebel zufügen, mit Pfeffer und Salz abschmecken.
- Pitataschen mit 1 EL Tsatsiki ausstreichen. Mit Salat auspolstern, nach Belieben mit Krautsalat, Tomatenwürfeln und Fleischstreifen füllen. Mit einem Klecks Tsatsiki abschließen.

▶ Mögliche Laktosequelle

Chilisauce, Krautsalat, Pitataschen

▶ Variante

Statt Schweinefilet können Sie auch Hühnerbrustfilet verwenden. Und wer es ganz scharf liebt, ersetzt Tsatsiki durch Chilisauce.

Spargel-Schinken-Röllchen

Eine wunderbare Variante, den Spargel auch kalt zu servieren.

▶ Für 1 Portion

Geht schnell **15 Min.**

3 Kirschtomaten · 1 TL laktosefreie Margarine (z. B. Alsan S) · 1 Scheibe gekochter Schinken · 4 Blätter Kopfsalat · 2 Stangen Spargel, gekocht · 2 TL Mayonnaise (z. B. Miracel Whip Delikatess Mayonnaise) · 1 Stängel Petersilie · 2 Scheiben Weißbrot

- Tomaten halbieren. Margarine mit einer Keksform ausstechen. Den Schinken halbieren, ein kleines helles Blatt Kopfsalat und zwei Spargelstangen darauflegen und einwickeln. Den Spargel auf die Länge des Schinkens kürzen.
- Ein großes Blatt Kopfsalat in die Mitte des Tellers legen, den eingewickelten Spargel darauflegen. Einen Klecks Mayonnaise und 1–2 Margarineplätzchen dazulegen. Mit den Tomaten und der Petersilie garnieren, mit Brot servieren.

▶ Mögliche Laktosequelle

Brot, Mayonnaise

Gefüllte Roastbeef-Röllchen

Der Klassiker, der auf keiner Party fehlen sollte.

▶ Für 1 Portion

Gelingt leicht **weizenfrei · glutenfrei**

15 Min.

1 EL Mayonnaise (S.) · ¼ TL Meerrettich · Salz | Pfeffer, frisch gemahlen · 2 dünne Scheiben Roastbeef · 3 Blätter Eisbergsalat · 3 Gewürzgurken (Kühne) · Petersilie · 1 Tomate

- Mayonnaise, Meerrettich, Pfeffer und Salz vermischen. Paste auf die Roastbeefscheiben gleichmäßig auftragen. Je ein Salatblatt und eine Gewürzgurke darauflegen und vorsichtig einwickeln. Restliche Gurke fächerförmig aufschneiden, Tomate in Scheiben schneiden.
- Ein Salatblatt auf einen Teller legen, darauf die zwei Roastbeefröllchen geben. Mit der Gurke, den Tomatenscheiben und der Petersilie garnieren.

Tipp

Keine Zeit, die Mayonnaise anzurühren? Als Füllung schmeckt auch der Fleischsalat mit Meerrettich von Nadler.

▶ Mögliche Laktosequelle

Meerrettich, Gewürzgurken, Braten (je nach Metzgerei)

Bruschetta

Immer schon eine der beliebtesten Appetithäppchen beim Italiener.

▶ Für 2 Personen

Gelingt leicht

15 Min. + 10 Min. Röstzeit

4 Scheiben Vollkornbaguette · 1 EL Olivenöl · 2 EL Tomato al Gusto/Kräuter (Knorr) · 1 Knoblauchzehe Salz | Pfeffer, frisch gemahlen · 2 grüne Oliven · 4 Blätter Basilikum

- Vollkornbaguette mit Öl bestreichen. Im Backofengrill von beiden Seiten anrösten. Knoblauch pressen und in die Tomatensauce einrühren. Mit Salz und Pfeffer abschmecken.
- Die Sauce in einer feuerfesten Form im Ofen kurz aufwärmen. Oliven in Scheiben schneiden, Tomatenmasse auf den gegrillten Brotscheiben verteilen. Mit Oliven und Basilikum garnieren.

▶ Variante

Bruschetta mit Kräuterpesto (S. 33) oder scharfem Gewürzöl (S. 49) zubereiten.

▶ Mögliche Laktosequelle

Brot

Flammkuchen-Wrap

Gewickelter Flammkuchen – lecker!

▶ Für 1 Portion

Gelingt leicht ⏲ 15 Min.

1 Flammkuchen-Teigling (S. 54) · 2 EL Ketchup · 1 EL Sojacreme · 1 TL Kräuter der Provence · 1 große Tomate · 1 Paprika · 2 große Champignons · 2 Peperoni · 2–3 Basilikumblätter · 2–3 Scheiben Salami · 1 kleine Zwiebel · 1 TL Gomasio (Sesamsalz)

- Flammkuchen dünn ausrollen. Ketchup und Sojacreme mischen, ⅔ auf dem Teig verstreichen, mit Kräutern der Provence würzen. Tomate, Paprika, Peperoni, Champignons putzen, in Scheiben schneiden und auf dem vorderen Drittel anhäufen, Basilikum darauf verteilen.
- Salami in Streifen schneiden, Zwiebel schälen, in Ringe schneiden. Beides auf die Füllung geben. Von der gefüllten Seite her aufrollen. Die Oberseite mit der restlichen Ketchup-Sojacreme-Masse bestreichen, mit Gomasio bestreuen. Im auf 250 Grad (Umluft 225 Grad) vorgeheizten Backofen auf der mittleren Einschubhöhe 10–15 Min. backen.

▶ Mögliche Laktosequelle

Gewürze, Ketchup, Salami

WISSEN

Tarte Flambée

Flammkuchen oder »Tarte Flambée« entstand vor rund 100 Jahren als ein Zufallsprodukt. Auf vielen Bauernhöfen war es üblich, einmal in der Woche im Steinofen Brot zu backen. Um die erreichte Hitze des Ofens zu testen, schob man auf einem Holzbrettchen kleine ausgerollte Teigstückchen in den Steinofen. Bald kam man auf die Idee, sie mit Zwiebeln, Speck und Crème zu belegen: Der Flammkuchen war geboren und eroberte hauptsächlich das Elsass, die Pfalz und Baden.

Flammkuchen

Ein Klassiker aus dem Elsass.

▶ Für 4 Personen

Preisgünstig ⏲ **20 Min. + 10 Min. Backzeit**

Für den Teig: ½ Würfel Hefe · 500 g Mehl · 1 gestr. TL Salz · 100 ml Olivenöl

Für den Belag: 1 mittelgroße Zwiebel · 1 EL laktosefreie Margarine · 50 g gewürfelter Bauchspeck · 3–5 EL Sojacreme

- Hefe in 50 ml lauwarmem Wasser zerbröseln, mit einem Schneebesen umrühren und 10 Min. stehen lassen. Mehl in eine Schüssel geben, eine Mulde hineindrücken und die Hefeflüssigkeit hineingießen, mit Mehl bestäuben. Das Salz außen herum gleichmäßig verteilen. Langsam das Öl und 200 ml Wasser an den Rand gießen.
- Den Teig von außen nach innen mindestens 5 Min. durchkneten, bis die gesamte Flüssigkeit verarbeitet ist, dann 1–2 Stunden mit einem feuchten Tuch abgedeckt an einem warmen Ort ruhen lassen.
- Zwiebel schälen und würfeln. Margarine in der Pfanne erhitzen, Zwiebeln zugeben und andünsten. Den Teig zu Fladen ausrollen, Sojacreme, Zwiebeln und Speck darauf verteilen, einen Rand von ½ cm lassen und 5–15 Min. bei 250 Grad im vorgeheizten Backofen backen.

▶ Variante

Verwenden Sie einen Flammkuchenrohling (Florian's Flammkuchen), belegen Sie ihn und backen Sie den Flammkuchen auf der mittlerer Einschubhöhe 6–8 Min. Probieren Sie auch einmal die Kombination aus Krabben und Ananas, die Krabben vorher in etwas Whisky ziehen lassen! Oder die süße Variante: Apfel, Zimt bzw. Birne und Schokostreusel.

▶ Mögliche Laktosequelle

Bauchspeck, Flammkuchenrohling, Margarine, Sojacreme

▶ Flammkuchen

Lasagne al forno

Ein wunderbares Familienessen, von dem garantiert nichts übrig bleibt.

► Für 4 Personen

Braucht etwas mehr Zeit **40 Min. + 15 Min. Garzeit**

2 Zwiebeln · 1 EL laktosefreie Margarine · 500 g Hackfleisch · Salz | Pfeffer, frisch gemahlen · 2 EL Tomatenmark · 6 Tomaten · 2 Zucchini · Thymian · Basilikum · Bohnenkraut · 1 Paket Lasagnenudeln

Für die helle Mehlschwitze (S.): 100 g laktosefreie Margarine · 100 g Mehl · 1 l Gemüsebrühe · 1 Pr. Salz

Für die Rote Grundsauce (S. 89): 50 g laktosefreie Margarine · 50 g Mehl · $\frac{1}{2}$–$\frac{2}{3}$ l Gemüsebrühe · 1 – 2 EL Tomatenmark oder Ketchup · 1 EL Kräuter der Provence · Salz | Pfeffer, frisch gemahlen · Zucker

- Zwiebeln schälen und fein würfeln. 1 EL Margarine in der Pfanne erhitzen. Hackfleisch und Zwiebeln darin krümelig anbraten, mit Pfeffer und Salz würzen. Zwischendurch mit Wasser ablöschen.
- Die Mehlschwitze und die Rote Grundsauce zubereiten. Tomaten heiß überbrühen, häuten und in Stücke schneiden. Zucchini waschen, in Würfel schneiden. Zucchini und Tomaten in die Rote Sauce einrühren, mit Pfeffer, Salz, Bohnenkraut, Basilikum und Thymian würzen.
- Eine Auflaufform einfetten, eine dünne Schicht der Roten Sauce einfüllen, eine doppelte Schicht Lasagnenudeln einlegen, Hackfleisch einfüllen und mit Mehlschwitze übergießen – so fortfahren, bis alle Zutaten aufgebraucht sind. Mit einer Schicht roter Gemüsesauce abschließen. Die Lasagne bei 180 Grad (Umluft 160 Grad) im Backofen 30 Min. backen, dann Margarineflöckchen darauf verteilen und weitere 15 Min. backen.

► Mögliche Laktosequelle

Tomatenmark, Gemüsebrühe

► Variante

Die Rote Sauce können Sie durch Tomato al Gusto von Knorr (o. Ä.) ersetzen.

HAUPTGERICHTE

Papardelle mit Hackfleisch

Die breiten Bandnudeln schmecken am besten mit kräftiger Sauce.

▶ Für 3 Personen

Gelingt leicht 45 Min.

3 Zwiebeln · je 1 rote, gelbe und grüne Paprika · 2 EL Olivenöl · 2 Zwiebeln · 500 g Rinderhackfleisch · 1 TL getrockneter Majoran · Salz | Pfeffer, frisch gemahlen · 1 EL gekörnte Gemüsebrühe · 4 Tomaten · 300 g Papardelle (breite Bandnudeln) · 100 g schwarze Oliven ohne Stein · 1 Zweig Bohnenkraut

- Zwiebeln abziehen und hacken. Paprika waschen, putzen und in Streifen schneiden. Paprika und Zwiebeln im heißen Öl anbraten, herausnehmen, beiseite stellen. Hack im Bratfett anbraten, bis es krümelig wird.
- Zwiebeln, Paprika, Majoran und Bohnenkraut hinzufügen. Mit Pfeffer, Salz und Brühe würzen. Zwischenzeitlich Tomaten heiß überbrühen und häuten, würfeln und zum Hack geben. Nudeln al dente kochen, abgießen und abtropfen lassen. Sauce über die Nudeln geben, mit Oliven und Bohnenkraut garnieren.

▶ Mögliche Laktosequelle

Gemüsebrühe

Spaghetti mit Mandeln und Brokkoli

Schön mild!

▶ Für 4 Personen

Preisgünstig 30 Min.

2 Zwiebeln · 1 Bund Schnittlauch · 500 g Brokkoli · 500 g Karotten · 2 EL laktosefreie Margarine · ½ l Gemüsebrühe · 5 EL Sojasahneersatz · Speisestärke · Salz | Pfeffer, frisch gemahlen · 500 g Spaghetti · 3 EL Mandelblättchen

- Zwiebeln schälen und würfeln. Schnittlauch in Röllchen schneiden. Brokkoli in Röschen teilen, Karotten schälen und fein würfeln. Zwiebeln mit Karotten in der Margarine andünsten. Mit maximal ½ l Gemüsebrühe auffüllen, Brokkoliröschen hinzugeben und 5 Min. garen.
- Etwa die Hälfte des Gemüses herausnehmen, pürieren und zurück in die Gemüsebrühe geben, 5 EL Sojasahne hinzufügen, mit Speisestärke binden. Salzen, pfeffern und den Schnittlauch einrühren.
- Spaghetti al dente kochen, die Mandeln ohne Fett anrösten. Spaghetti mit der Sauce und den Mandeln servieren.

▶ Mögliche Laktosequelle

Gemüsebrühe, Sojasahneersatz, Speisestärke

Ravioli mit Gemüse

Ein Fertiggericht prima aufgepeppt.

▶ Für 2 Personen

Gelingt leicht 30 Min.

1 Zucchini · 250 g Champignons · 3 große Tomaten · 1 kleine Zwiebel · 3 EL Olivenöl · 1 Dose vegetarische Ravioli (Reformhaus) · Thymian · Rosmarin · Oregano

- Zucchini waschen und in Scheiben schneiden. Die Champignons putzen. Die Tomaten waschen, halbieren und in Scheiben schneiden. Zwiebel schälen und würfeln.
- Zwiebel im heißen Olivenöl andünsten. Tomaten, Zucchini und Champignons dazugeben, kurz anbraten. Ravioli zum Gemüse geben, anwärmen. Mit Thymian, Rosmarin und Oregano abschmecken.

▶ Mögliche Laktosequelle

Ravioli

▶ Variante

Das Gemüse dürfen Sie variieren: Fenchel oder Auberginen schmecken auch prima!

Spaghetti in Schinken-Sahne-Sauce

Schön sahnig!

▶ Für 2 Personen

Preisgünstig ⏲ **20 Min.**

1 kleine Zwiebel · 2 EL scharfes Gewürzöl (S. 49) · 200 g gekochter Schinken · 300 g Spaghetti · 1 Päckchen Sojacreme (Alpro Cuisine) · 250 g Erbsen (tiefgekühlt) · ½ TL gekörnte Gemüsebrühe

- Zwiebel schälen und würfeln. Das scharfe Öl in der Pfanne erhitzen, die Zwiebelwürfel zugeben und andünsten. Schinken in Würfel schneiden, im Öl leicht mitbraten.
- Die Spaghetti al dente kochen. Die Sojacreme in die Pfanne geben, Erbsen zugeben und mitgaren. Mit der Gemüsebrühe würzig abschmecken. Die Sauce unter die Nudeln mischen.

▶ Mögliche Laktosequelle

Gemüsebrühe, Schinken

Tagliatelle mit Pfifferlingen

Lecker, wenn im Sommer heimische Pfifferlinge Saison haben.

▶ Für 4 Personen

Geht schnell ⏲ **25 Min.**

1 mittelgroße Zwiebel · 2 Eiertomaten · 2 EL laktosefreie Margarine · 100 g Bauchspeck · 300 g Pfifferlinge · 400 g Tagliatelle · 1 TL gekörnte Gemüsebrühe · 1 TL braune Sauce (Tartex) · Salz · Rosmarin · Thymian

- Die Zwiebel schälen und würfeln. Die Tomaten in Scheiben schneiden. Margarine in der Pfanne erhitzen, Zwiebel und Bauchspeck zugeben und andünsten. Pfifferlinge gründlich putzen und dazugeben, leicht anschmoren. Die Tagliatelle al dente garen.
- Pfifferlinge mit etwas Wasser angießen, Gemüsebrühe und braunes Saucenpulver hinzufügen. Mit Salz und frischen Kräutern abschmecken. Erst kurz vor Ende der Garzeit die Tomaten einrühren – sie sollten nicht verkochen.

▶ Mögliche Laktosequelle

Bauchspeck, Gemüsebrühe, braune Sauce

Vollkornspirelli mit Lauchsauce

Ein einfaches Rezept, aber lecker!

▶ Für 2 – 3 Personen

Preisgünstig ⏲ **20 Min.**

1 dicke Stange Lauch · 3 EL Olivenöl · 100 g Schinkenspeck, gewürfelt · 300 g Vollkornspirelli · 500 ml Gemüsebrühe · 3 EL braune Sauce (Tartex) · 4 EL Weinessig · Salz | Pfeffer, frisch gemahlen · 1 Bund Petersilie

- Lauch gründlich waschen und in dünne Ringe schneiden. Olivenöl erhitzen, Schinkenspeck darin auslassen. Lauch zugeben und andünsten. Die Nudeln al dente kochen.
- Die Sauce langsam mit Brühe auffüllen. Saucenextrakt, Salz, Pfeffer, Gewürze und Essig zugeben. Sauce über die Nudeln geben, mit gehackter Petersilie bestreuen und servieren.

▶ Mögliche Laktosequelle

Gemüsebrühe, Schinkenspeck, braune Sauce

Penne alla arabiata

Der scharfe Klassiker aus Süditalien.

▶ Für 2 Personen

Gut vorzubereiten ⏲ **20 Min.**

1 Zwiebel · ½ Knoblauchzehe · 2 – 3 Chilischoten oder Piris · 8 – 10 mittelgroße Tomaten · 4 lila Oliven · 250 g Penne · 1 EL Olivenöl · 100 g Schinkenwürfel (Leichter Genuss/Abraham) · Salz | Pfeffer, frisch gemahlen · Oregano

- Zwiebel und Knoblauch schälen, möglichst klein hacken. Chilischoten halbieren, entkernen, in Streifen schneiden. Tomaten heiß überbrühen, häuten und würfeln. Oliven in dünne Scheiben schneiden. Nudeln al dente kochen.
- Öl in einer Pfanne erhitzen, Schinkenwürfel kross anbraten. Zwiebeln und Knoblauch zugeben, nicht bräunen, nur dünsten. Chili, Tomaten, Oliven zufügen, 5 Min. leicht köcheln lassen. Mit Salz, Pfeffer und Oregano würzen.

▶ Das passt dazu

Bruschetta (S. 53) als Vorspeise.

▶ Mögliche Laktosequelle

Schinkenwürfel

Vollkornspaghetti mit Fenchel

Ganz einfach, aber trotzdem raffiniert.

▶ Für 4 Personen

Preisgünstig 25 Min.

1 Zwiebel · 1 Knoblauchzehe · 2 EL Olivenöl · 2 Fenchelknollen · 400 g Vollkornspaghetti · 1 Packung Tomato Italiano (Kühne) · Salz | Pfeffer, frisch gemahlen

- Zwiebel würfeln, Knoblauch pressen und beides in Olivenöl leicht andünsten. Fenchel waschen, putzen und in Streifen schneiden, in die Pfanne geben und 15 Min. andünsten, leicht salzen. Vollkornspaghetti al dente kochen.
- Tomato Italiano zum Gemüse geben, bei leichter Hitze erwärmen. Kräftig mit Salz und Pfeffer abschmecken. Die Sauce über die Nudeln geben und servieren.

Penne mit asiatischer Pilzsauce

Hmm die Nudeln schmecken nicht nur Gästen!

▶ Für 4 Personen

Gelingt leicht 30 Min.

400 g Vollkorn-Penne · 1 große Zwiebel · Olivenöl · 8 große Champignons · 1 Dose Pizzatomaten · 3 EL Pinienkerne (oder Sonnenblumenkerne) · 1 EL Kräuter der Provence · 3 EL Tahin (Sesampaste) · 3 EL Mangochutney · Salz | Pfeffer, frisch gemahlen · Sojasauce

- Die Nudeln al dente kochen. Zwiebel schälen und würfeln. Öl im Wok erhitzen, Zwiebeln zugeben und andünsten. Champignons putzen, in Scheiben schneiden und in den Wok geben. Immer wieder leicht umrühren.
- Pizzatomaten zugeben, mit Kräutern, Pfeffer, Salz, Mangochutney, Tahin und Sojasauce würzen. Pinienkerne unterrühren. Zusammen mit den Nudeln servieren.

▶ Mögliche Laktosequelle

Mangochutney, Pizzatomaten, Tahin, Sojasauce

Süßsaure Reisnudeln

Das scharfe Mangochutney verleiht hier den einzigartigen Geschmack.

▶ Für 4 Personen

Geht schnell weizenfrei · glutenfrei

20 Min.

½ Kopf Chinakohl · 2 – 3 EL Olivenöl · 2 Tomaten · 100 g Bambus- oder Mungosbohnensprossen · scharfes Mangochutney · 1 – 2 EL Salz | Pfeffer, frisch gemahlen · 1 Glas süßsaure Sauce (Wan Kwai) · 300 g Reisnudeln

- Chinakohl waschen, in Streifen schneiden und im Öl andünsten. Tomaten waschen, würfeln und dazugeben. Die Sprossen hinzufügen. Mit Pfeffer und 1–2 EL Mangochutney abschmecken, dann die süßsaure Sauce dazugeben.
- Die Reisnudeln nach Packungsanweisung garen – Achtung: Sie brauchen nur wenige Minuten, um gar zu werden! Gut abtropfen lassen, klein schneiden und mit in die Pfanne geben.

▶ Mögliche Laktosequelle

Mangochutney, süßsaure Sauce

Laktosefreie Pizza

Auch ohne Käse kann Pizza lecker sein – hier ist der Beweis!

▶ Für 2 Personen
Preisgünstig
30 Min. + 15 Min. Garzeit

Für den Teig:
250 g Mehl
20 g frische Hefe
1 TL Zucker
3 EL warmes Wasser
4 EL Olivenöl
½ TL Salz
⅛ l lauwarmes Wasser
1 TL gehackter Oregano

Für den Belag:
4–8 EL Tomate al gusto
Kräuter der Provence
6 Scheiben roher Schinken
3 mittelgroße Tomaten
6 Champignons
1 dicke Zwiebel
2 EL Sojasahneersatz

- Hefeteig wie auf S. 63 beschrieben zubereiten. Ein Backblech mit Backpapier auslegen. Den Hefeteig ausrollen, auf das Blech legen und weitere 30 Min. gehen lassen. Den Teig mit einer Gabel mehrfach einstechen.
- Den Pizzaboden mit Tomate al gusto bestreichen und dann mit wenig Kräutern würzen. Anschließend mit dem Schinken belegen.
- Die Tomaten und Champignons in Scheiben schneiden und abwechselnd auf die Pizza legen. Zwiebel schälen, in feine Ringe schneiden und auf der Pizza verteilen. Im auf 180 Grad (Umluft 160 Grad) vorgeheizten Backofen 10–15 Min. backen und erst dann den Sojasahneersatz darüberträufeln.

Wichtig: Die Sojasahne erst nach dem Backen auf die Pizza geben.

▶ **Variante**
Der Belag lässt sich leicht verändern. Erlaubt ist, was schmeckt und keine Laktose enthält (aufgepasst bei Salami). Statt Ketchup können Sie auch die Rote Grundsauce verwenden (S. 89) und vor dem Servieren ein paar Tropfen des scharfen Öls (S. 49) darüberträufeln.

▶ **Mögliche Laktosequelle**
Sojasahneersatz, Ketchup, Kräuter

Tipp
Wer den Teigboden eher kross mag, sollte den Teig 5 Minuten vorbacken, bevor der Belag aufgelegt wird.

WISSEN

Grundregeln Hefeteig

- Niemals Fett und Hefe direkt zusammenbringen.
- Salz, Hefe und Fett zunächst getrennt im Mehl halten.
- Hefeteig braucht Wärme, um ordentlich aufzugehen.

So wird's gemacht: Hefeteig zubereiten

Das Mehl in eine Rührschüssel geben und in die Mitte eine Mulde drücken. Die Hefe hineinbröseln und darauf Honig oder Zucker verteilen und 3–5 EL warme Flüssigkeit (keinesfalls Fett) hinzugeben. Vorsichtig die Hefe mit Mehl bestäuben und etwa 15 Min. gehen lassen, bis die Hefe Blasen wirft. Lauwarme, zerlassene Margarine oder Olivenöl auf der einen Seite des Hügels vorsichtig verteilen, Salz auf der anderen.

Langsam von außen nach innen immer mehr Mehl einkneten, so lange, bis ein glatter Teig entsteht.

Den Teig mit einem sauberen, feuchten Küchenhandtuch abdecken, an einem warmen Ort mindestens 30 Min. ruhen lassen. **Achtung:** Zu heiß mag er es nicht, sonst trocknet er aus. Je länger er ruht, desto lockerer wird er zum Schluss.

Anschließend den Teig nochmals durchkneten und weitere 30 Min. ruhen lassen.
Achtung: Schwere Zutaten wie Nüsse erst beim dritten Knetvorgang untermischen und dann ein weiteres Mal gehen lassen.

◄ Griechischer Schmortopf

Griechischer Schmortopf

Ein wunderbares Essen für den Spätsommer, wenn Tomaten am besten schmecken und dicke Bohnen reif sind.

► Für 4 Personen

Braucht etwas mehr Zeit weizenfrei · glutenfrei

70 Min.

600 g Putenfleisch · 2 Knoblauchzehen (alternativ Zwiebeln) · 250 g Kartoffeln · 200 g Zucchini · 3 Tomaten · 3 – 4 EL Olivenöl · Salz | Pfeffer, frisch gemahlen · 75 ml trockener Weißwein · 400 ml Tomatensaft · 400 g enthülste dicke Bohnen · Paprikapulver · 1 Zweig Rosmarin · je ½ Bund Thymian und Oregano

- Fleisch würfeln, Knoblauch fein hacken, Kartoffeln schälen und vierteln. Zucchini in Stücke, Tomaten in Spalten schneiden. Zwiebeln, Zucchini und die Hälfte des Knoblauchs in 2 EL Öl 5 Min. anbraten. Mit Salz und Pfeffer würzen, dann herausnehmen.
- Restliches Öl dazugeben, erhitzen, Fleisch portionsweise anbraten. Mit Pfeffer, Salz, Paprika und Knoblauch würzen. Kartoffeln und Tomatenspalten zufügen. Mit Weißwein, 150 ml Wasser und dem Tomatensaft ablöschen, aufkochen lassen und zugedeckt bei mittlerer Hitze 20 Min. garen.
- Zucchini, Zwiebeln und Bohnenkerne zufügen und weitere 10–15 Min. schmoren. Kräuter grob hacken und unterrühren. Kräftig mit Salz und Pfeffer abschmecken.

► Mögliche Laktosequelle

Paprikapulver, Tomatensaft

Pute mit Paksoi und Sesam

Paksoi und Sojasprossen verleihen diesem chinesischen Gericht einen frischen Geschmack.

► Für 2 Personen

Gelingt leicht weizenfrei · glutenfrei

35 Min. + 10 Min. Garzeit

100 g Reis · Salz · 2 EL Sesam · Szechuan-Pfeffer · 300 g Putenschnitzel · 1 Zwiebel · ½ Chilischote · 100 g Sojasprossen · 300 g Paksoi (alternativ Spinat) · 2 EL Öl · 200 ml Gemüsebrühe · 4 EL Sojacreme (Alpro Cuisine) · China-Würzmischung

- Reis nach Packungsanweisung garen und warm halten. Den Sesam kurz in der Pfanne (nicht zu heiß) trocken anrösten. Szechuan-Pfefferkörner ebenfalls anrösten, anschließend im Mörser zerstoßen.
- Fleisch in schmale Streifen schneiden. Zwiebel schälen und klein hacken. Chilischote längs halbieren, entkernen und in feine Streifen schneiden. Sprossen waschen, Paksoi in Streifen schneiden. Öl erhitzen. Putenstreifen darin kurz anbraten.
- Zwiebeln, Chili, Paksoi oder Spinat mit den Sprossen zugeben, kurz mitbraten. Mit Brühe und Sojacreme ablöschen, 2–3 Min. schmoren. Sesam darüberstreuen, mit Szechuan-Pfeffer und der China-Würzmischung abschmecken und mit dem Reis servieren

► Mögliche Laktosequelle

China-Würzmischung, Gemüsebrühe, Sojacreme

WISSEN

Kleine Warenkunde: Paksoi

Paksoi oder Pak Choi wird auch als chinesischer Senfkohl bezeichnet. Er enthält sehr viel Vitamin A, B und C sowie Mineralstoffe. Sein Nährstoff ist im Vergleich zu Weißkohl etwa doppelt so hoch. Sein Geschmack ähnelt dem des Mangolds, er schmeckt etwas erfrischender. Verwendet werden die grünen Blätter samt den Stielen. Letztere können ähnlich wie Spargel zubereitet werden. Paksoi schmeckt roh als Salat oder gedünstet als Gemüse.

► Rotwein-Hähnchen

Hähnchen in Blätterteig

Ein schönes Essen für den besonderen Abend zu zweit und auch prima vorzubereiten, wenn Sie Gäste erwarten.

► Für 2 Personen

Gut vorzubereiten 40 Min. + 25 Min. Garzeit

6 tiefgefrorener, milchfreier Blätterteig (rechteckig) · 1 Bund Suppengrün · 400 g Champignons · 2 Hähnchenbrustfilets · Salz | Pfeffer, frisch gemahlen · Chilipulver · 6 EL Olivenöl · 3 EL Weinbrand · 200 ml Gemüsebrühe · 100 g Sojasahneersatz · 2 EL Speisestärke · 1 Eigelb

- Blätterteigplatten nebeneinander legen und auftauen lassen. Suppengrün putzen und in kleine Würfel schneiden. Pilze putzen und halbieren. Das Fleisch in Streifen schneiden, mit Pfeffer, Chili und Salz würzen, im Öl anbraten, herausnehmen, warm stellen.
- Pilze im Bratfett anbraten, Gemüse zugeben, kurz andünsten. Mit Weinbrand und Gemüsebrühe ablöschen. Sauce mit Stärke binden, aufkochen lassen. Alles vom Herd nehmen. Sojasahne und das Fleisch einrühren, alles in eine Auflaufform geben.
- Die Blätterteigplatten darüberlegen, überstehenden Teig abschneiden. Aus den Teigresten Verzierungen auf die Platten kleben, alles mit Eigelb bestreichen und im vorgeheizten Ofen bei 200 Grad (Umluft 175 Grad) 20–25 Min. backen.

► Mögliche Laktosequelle

Blätterteig, Gemüsebrühe, Speisestärke

Rotwein-Hähnchen

Im Römertopf geschmort, wird das Hähnchen besonders zart und nimmt viel vom Aroma des Rotweins auf.

► Für 2 Personen

Gut vorzubereiten weizenfrei · glutenfrei

40 Min. + 70 Min. Garzeit

4 Hähnchenschenkel · Salz | Pfeffer, frisch gemahlen · ½ Zitrone · 50 g geräucherter Speck in Streifen · 130 ml Rotwein · 1 Bund gehackte Kräuter (Petersilie, Kerbel etc.) · 1 Würfel Gemüsebrühe (Knorr) · 1 Zwiebel · 2 EL laktosefreie Margarine · Kräuter der Provence · 50 g kleine Champignons · Muskatnuss, frisch gerieben · Speisestärke · 2 cl Weinbrand

- Den Römertopf in kaltem Wasser wässern. Hähnchenschenkel waschen, trocken tupfen, pfeffern, salzen und mit etwas Zitronensaft beträufeln. Die Schenkel in den Römertopf geben und mit Speckstreifen belegen. Rotwein, Gemüsebrühwürfel und Kräuter hinzufügen. Die Zwiebeln in Ringe schneiden und dazugeben. Topf schließen und 60 Min. bei 250 Grad (Umluft 225 Grad) schmoren.
- Römertopf öffnen und die Sauce in einen extra Topf gießen. Hähnchenteile mit Margarine bestreichen und ohne Deckel bei 220 Grad weitere 10 Min. bräunen lassen. Kräuter der Provence über die Hähnchenschenkel streuen.
- Champignons putzen, kurz in Margarine in der Pfanne schwenken, Sauce hinzugießen, mit Muskat und Kräutern der Provence abschmecken. Mit Speisestärke binden, mit Weinbrand abschmecken. Je nach Bedarf mit etwas Wasser verlängern (200 ml).

► Das passt dazu

Herzoginkartoffeln (S. 84).

► Mögliche Laktosequelle

Gemüsebrühe, Kräuter, Paniermehl, Senf, Speisestärke

Tipp

Ein Schuss Sojasahneersatz macht das Gericht mild.

Kartoffel-Spinat-Hähnchenpfanne

Mit Pellkartoffeln vom Vortag besonders schnell gekocht.

► Für 2 – 3 Personen

Preisgünstig **weizenfrei · glutenfrei**

20 Min.

600 g Pellkartoffeln vom Vortag · 2 Hähnchenbrustfilets · Paprika · Salz | Pfeffer, frisch gemahlen · Muskatnuss, frisch gerieben · 3 EL Olivenöl · 2 mittelgroße Zwiebeln · 600 g Blattspinat · 1 EL laktosefreie Margarine · 1 EL gekörnte Gemüsebrühe

- Pellkartoffeln in kleine Würfel schneiden. Fleisch in Streifen schneiden und in 1 EL Olivenöl braun anbraten. Mit Paprika, Pfeffer, Salz und Muskat würzen, beiseite stellen. 1 Zwiebel in Streifen schneiden, 1 Zwiebel würfeln.
- Kartoffeln mit Zwiebelstreifen in 2 EL Olivenöl anbraten, Hähnchen hinzufügen. Spinat waschen und putzen und in Margarine mit der anderen Zwiebel andünsten. Gemüsebrühe in 2 – 3 EL Wasser auflösen und zum Spinat zugeben. Alle restlichen Zutaten zum Spinat geben und 5 Min. garen.

► Mögliche Laktosequelle

Gemüsebrühe

Tipp

Ein Gericht mit Spinat sollte grundsätzlich nicht mehrmals aufgewärmt werden.

Hähnchen mit Apfelfüllung

Schmeckt prima, ist nicht so fett und ideal für den kleinen Haushalt.

▶ Für 2 – 3 Personen

Braucht etwas mehr Zeit 40 Min. + 75 Min. Garzeit

1 Hähnchen · Salz | Pfeffer, frisch gemahlen · Paprikapulver · 1 kg Wirsing · 3 – 4 EL Öl · Muskatnuss, frisch gerieben · 1/4 l Apfelsaft · 2 mittelgroße Äpfel

Für die Füllung: 1 Zwiebel · 2 mittelgroße Äpfel · 2 Scheiben Weißbrot · Sojasahneersatz · 50 g Rosinen · 1 – 2 TL Zucker

- Das Hähnchen waschen, trocken tupfen und mit Pfeffer, Paprika und Salz einreiben. Für die Füllung die Zwiebel schälen und würfeln. Äpfel waschen, Kerne entfernen, würfeln. Brotscheiben in Sojasahne einweichen, zerpflücken. Alle Zutaten mit Rosinen und Zucker mischen.
- Hähnchen mit der Füllung ausstopfen und mit einem Spieß die Öffnung schließen. Etwa 75 Min. im Ofen in einem Bräter bei 225 Grad (Umluft 200 Grad) garen.
- Den Wirsing putzen, waschen und in Streifen schneiden. Wirsing in Öl andünsten, mit Pfeffer, Salz und Muskat abschmecken. Nach 15 Min. mit Apfelsaft ablöschen und so lange dünsten, bis der Wirsing weich ist. Die letzten beiden Äpfel waschen, entkernen, in dünne Spalten schneiden, zum Wirsing geben und mitdünsten.

▶ Das passt dazu

Salzkartoffeln, Herzoginkartoffeln oder Kroketten.

▶ Mögliche Laktosequelle

Weißbrot

Krustenbraten mit Ingwer

Ein Hauch Ingwer verleiht dem herzhaften Braten eine äußerst exotische Note.

▶ Für 4 Personen

Braucht etwas mehr Zeit weizenfrei · glutenfrei

45 Min. + 100 Min. Garzeit

1 kg Schweinefleisch mit Schwarte · 16 Gewürznelken · 3/4 TL Ingwerpulver · 1/4 TL Pfeffer · 1/2 TL Salz · 3 EL laktosefreie Margarine · 1 Bund Suppengrün · 500 g Zwiebeln · 2 EL brauner Zucker · 6 EL Rum · 1 TL gekörnte Gemüsebrühe

- Die Schwarte kreuzweise einschneiden. An den Kreuzungsstellen die Nelkenköpfe einspicken. Ingwer, Salz und Pfeffer mischen. Die Unterseite des Bratens mit der Hälfte der Würzmischung einreiben. Margarine in einem Bräter zerlassen, Braten mit der Schwarte nach oben in den Bräter setzen.
- Suppengrün und Zwiebeln putzen und schälen, klein schneiden und zum Braten geben. Den Backofen auf 220 Grad (Umluft 200 Grad) vorheizen. Den Krustenbraten im offenen Bräter 75–80 Min. garen.
- Den Zucker im warmen Rum auflösen, die restlichen Gewürze mit der Gemüsebrühe zufügen. Nach 20 Min. Garzeit zum ersten Mal mit dem Rumgemisch bestreichen. Diesen Vorgang öfter wiederholen. Nach Ende der Garzeit den Braten warm stellen, den Bratenfond pürieren und das übrige Rumgemisch zugeben.

▶ Das passt dazu

Klöße (S. 82) und frischer grüner Blattsalat.

▶ Mögliche Laktosequelle

Gemüsebrühe

Gefüllte Paprika

Ein Klassiker – schonend gegart im Römertopf.

▶ Für 4 Personen

Gelingt leicht

25 Min. + 60 Min. Garzeit

4 große Paprikaschoten · 2 Tomaten · 2 mittelgroße Zwiebeln · 500 g Hackfleisch gemischt · Salz | Pfeffer, frisch gemahlen · 1 Ei · etwas Petersilie · Schnittlauch · Bohnenkraut · 4 EL Ketchup (Kania) · 1/4 l Gemüsebrühe (Cenovis) · Speisestärke

- Paprikaschoten waschen, den Deckel abschneiden und die Kerne entfernen. Tomaten häuten und würfeln. Zwiebeln schälen und würfeln. Hackfleisch, 1 Zwiebel, Ei, Pfeffer, Salz und Kräuter vermischen. Paprikaschoten mit der Masse füllen, in den gewässerten Römertopf setzen.
- Brühe, Ketchup, 1 Zwiebel und die gewürfelten Tomaten in den Topf geben, diesen schließen und auf der untersten Schiene im Backofen bei 220 Grad (Umluft 200 Grad) 60 Min. backen. Anschließend die Paprikaschoten warm stellen, die Sauce in einen Topf gießen, mit Speisestärke binden und noch einmal kräftig abschmecken.

▶ Mögliche Laktosequelle

Ketchup, Speisestärke, Gemüsebrühe

◀ Gefüllte Paprika

Chili con Carne

Partyrenner und pikante Wintermahlzeit.

▶ Für 4 Personen

Braucht etwas mehr Zeit

weizenfrei · glutenfrei

20 Min. + 60 Min. Garzeit

2 große Zwiebeln · 500 g Hackfleisch gemischt · 2 EL laktosefreie Margarine · 1/2 l Gemüsebrühe · 400 g Maiskörner (TK) · 1 Dose Kidney-Bohnen · 6 Kartoffeln · 6 Tomaten · 2 Paprikaschoten · Salz | Pfeffer, frisch gemahlen · Kräuter der Provence · 3 kleine Chilischoten oder Piris

- Zwiebeln schälen und würfeln. Hackfleisch und Zwiebeln in der Margarine kräftig anbraten, dabei immer wieder mit etwas Wasser ablöschen. Dann mit der Gemüsebrühe auffüllen. Mais und Kidney-Bohnen zugeben, köcheln lassen.
- Kartoffeln schälen, würfeln und in den Topf geben. So lange kochen, bis sie zerfallen. Tomaten und Paprika waschen und würfeln, zum Chili geben. Mit Pfeffer, Salz und den Gewürzen abschmecken. Chilischoten klein schneiden und unterrühren.

▶ Variante

Wer mag, verfeinert das Chili mit Sojacreme.

▶ Mögliche Laktosequelle

Gemüsebrühe, Gewürze, Kidney-Bohnen, Kräuter, Margarine, Sojacreme

Hacksteaks mit Champignonsauce

Kinder lieben die Hacksteaks und verlangen immer einen Nachschlag!

▶ Für 6 Portionen

Gelingt leicht

20 Min. + 10 Min. Garzeit

Für die Hacksteaks: 2 altbackene Brötchen · 500 g gemischtes Hackfleisch · 1 Zwiebel · 2 Eier · 1 TL Salz · 2 EL scharfer Senf · 1 TL Paprikapulver · 1 EL grüne Pfefferkörner · 2 EL Öl

Für die Sauce: 2 Zwiebeln · 2 EL Olivenöl · 1 kleine Dose Pizzatomaten · 1 kleine Dose Tomatenmark · Salz | Pfeffer, frisch gemahlen · Majoran · Zucker · 250 g Champignons · 2 EL Sojasahneersatz · 1 TL gehackte Petersilie · Speisestärke

- Die Brötchen in Wasser einweichen, ausdrücken. Zwiebel schälen und hacken. Hackfleisch mit Brötchen, Zwiebeln, Ei, Salz, Senf, Paprikapulver und Pfefferkörnern mischen. Zu Frikadellen formen und braten.
- Für die Sauce die Zwiebeln schälen, würfeln und in Öl leicht andünsten. Pizzatomaten und Tomatenmark hinzufügen. Leicht köcheln lassen. Champignons putzen, in Scheiben schneiden und dazu geben. Alles mit Kräutern, Pfeffer, Zucker und Salz abschmecken. Sojasahne einrühren, nach Bedarf mit Speisestärke binden.

▶ Mögliche Laktosequelle

Senf, Brötchen, Pizzatomaten, Speisestärke, Tomatenmark

Mediterrane Frikadellen

Prima fürs Partybüfett.

▶ Für 4 Personen
Gelingt leicht
10 Min. + 12 Min. Garzeit
1 altbackenes Brötchen · 1 Zwiebel · 1 rote Paprikaschote · 500 g gemischtes Hackfleisch · Salz | Pfeffer, frisch gemahlen · 1 Ei · 1 Pr. Chilipulver · 1 TL Kräuter der Provence · Paniermehl (selbst gemacht) · 2 EL laktosefreie Margarine

- Die Brötchen in 500 ml Wasser einweichen und ausdrücken. Zwiebel schälen und fein würfeln. Paprika putzen und in ganz feine Würfelchen schneiden. Das Hackfleisch mit der ausgedrückten Brötchenmasse, Paprikawürfeln, Zwiebeln, Ei, Kräutern, Gewürzen und Salz mischen.
- Aus der Masse Bällchen formen und in dem Paniermehl wenden. Margarine in der Pfanne erhitzen und die Frikadellen darin kräftig anbraten.

▶ Das passt dazu
Bratkartoffeln und Feldsalat.

▶ Mögliche Laktosequelle
Gewürze, Kräuter, Brötchen, Margarine, Paniermehl

Wildschwein-Medaillons mit Waldpilzen

Im Spätsommer ist Wildsaison – dann finden Sie schöne Waldpilze.

▶ Für 4 Personen
Gelingt leicht
weizenfrei · glutenfrei
⏲ **30 Min.**
4 große Zwiebeln · 250 g Bauchspeck · Olivenöl · 300 g Pfifferlinge oder Steinpilze · Salz | Pfeffer, frisch gemahlen · 4 Wildschwein-Medaillons · 1 EL laktosefreie Margarine · 1 Bund Petersilie

- Zwiebeln schälen und würfeln, Bauchspeck würfeln. Olivenöl in einer Pfanne erhitzen und Bauchspeck und Zwiebeln darin auslassen. Pilze putzen und evtl. klein schneiden, dazugeben und kurz andünsten. Mit Pfeffer und Salz würzen.
- Die Medaillons von jeder Seite kurz in der Margarine anbraten (3 Min.), mit Pfeffer und Salz würzen. Medaillons auf Teller geben und mit den Pilzen bedecken. Petersilie hacken und das Fleisch damit bestreuen.

▶ Das passt dazu
Bratkartoffeln oder Kroketten und Salat.

▶ Mögliche Laktosequelle
Bauchspeck

Hasenfilets im Wirsingmantel

Kohlrouladen kennt jeder, doch hier versteckt sich der Hase im Wirsing.

▶ Für 4 Personen
Braucht etwas mehr Zeit
weizenfrei · glutenfrei
⏲ **60 Min.**
1 kg Wirsing · 4 Hasenfilets (à 125 g) · Salz | Pfeffer · 5 EL Olivenöl · 200 g Hackfleisch · 3 EL Sojasahneersatz · 4 Scheiben Bauchspeck · 1 Glas Preiselbeeren (370 ml) · 125 ml Rotwein · ¼ l Gemüsebrühe · 3 EL Kräuter der Provence · Speisestärke

- Acht große Wirsingblätter abtrennen, 8 Min. in Salzwasser kochen, kalt abschrecken und die Rippen flach schneiden. Restlichen Kopf fein schneiden und dünsten (25 Min.). Die Filets pfeffern, kräftig im Öl anbraten. Herausnehmen und salzen.
- Hackfleisch pfeffern und salzen, mit Sojasahne verrühren. 2 Wirsingblätter aufeinanderlegen, mit dem Hackfleisch bestreichen und je eine Scheibe Speck und ein Filet darauflegen und einwickeln. Mit der Öffnung nach unten im Bräter anbraten.
- ¼ l des Preiselbeersafts, Wein und Brühe dazugeben. Kräuter hinzufügen und 15 Min. schmoren lassen. Preiselbeeren einrühren. Mit Salz und Pfeffer abschmecken.

▶ Mögliche Laktosequelle
Gemüsebrühe, Kräuter, Speisestärke

Hirschgulasch

Die rote Dornfelder-Traube passt wunderbar zu Wild.

▶ Für 4 Personen
Gut vorzubereiten
weizenfrei · glutenfrei
⏲ **40 Min. + 2 Stunden Garzeit**
1 EL Margarine · 500 g Hirschgulasch · Salz | Pfeffer, frisch gemahlen · ¼ l Dornfelder (Rotwein)
Für die Sauce: 3 EL Meerrettich · 3 EL Weingelee (S. 33) · 1 Tasse Sauerkirschen (tiefgekühlt oder frisch, püriert) oder 1 Tasse Preiselbeeren (püriert) · 2 EL Senf · Salz | Pfeffer, frisch gemahlen · Paprika · gekörnte Gemüsebrühe · ¼ l Dornfelder (Rotwein) · Speisestärke

- Hirschgulasch in der Margarine kräftig anbraten. Beim Bratvorgang immer wieder mit etwas Wasser ablöschen. Nach dem Anbraten mit ¼ l Wein auffüllen, 1 Stunde auf kleiner Flamme köcheln lassen.
- Saucenzutaten mischen und zum Braten geben. 1 Stunde weiter köcheln lassen. Nach Bedarf mit Speisestärke binden.

▶ Variante
Statt Hirsch- können Sie auch Wildschweingulasch verwenden. Der Geschmack ist dann etwas kräftiger.

▶ Mögliche Laktosequelle
Gemüsebrühe, Meerrettich, Margarine, Speisestärke

Gegrillter Steinbutt

Beschwipster Fisch mit feiner Note.

▶ Für 4 Personen
Gut vorzubereiten
weizenfrei · glutenfrei
⏲ 15 Min. + 15 Min. Garzeit
7 EL Riesling · 1 TL Tomatenmark · 2 TL Rapsöl · Salz | Pfeffer, frisch gemahlen · 4 Steinbuttfilets

- Aus Riesling, Tomatenmark, Rapsöl, Salz und Pfeffer eine Marinade bereiten. Gesäuberte Steinbuttfilets mindestens 1 Stunde darin ziehen lassen. Filets aus der Marinade nehmen und von beiden Seiten pro Seite ca. 8 Min. grillen.

▶ Das passt dazu
Lecker zu Reis und Endiviensalat.

Goldbarsch-Grillspieße

Leichtes Fischgericht zur Grillsaison.

▶ Für 4 Personen
Gut vorzubereiten
weizenfrei · glutenfrei
⏲ 30 Min. + 15 Min. Garzeit
600 g Goldbarschfilet · 2 EL Zitronensaft · 3 – 4 EL Margarine · Knoblauchpulver · 12 Kirschtomaten · 1 Zucchini · 1 Gemüsezwiebel · Salz | Pfeffer, frisch gemahlen · Paprikapulver · 4 Holzspieße

- Goldbarschfilets mit Zitrone beträufeln, in gleichmäßige Stücke schneiden, sodass diese gut auf die Spieße zu stecken sind. Margarine erwärmen, Knoblauchpulver, Pfeffer und Salz einstreuen.
- Zwiebeln schälen, in größere Stücke schneiden, sodass diese auf die Spieße passen. Zucchini und Tomaten waschen, Zucchini in dickere Scheiben schneiden. Zucchini, Tomaten Fisch und Zwiebeln abwechselnd auf Spieße stecken und mit der gewürzten Margarine bestreichen. Pro Seite ca. 8 Min. grillen.

▶ Mögliche Laktosequelle
Margarine, Gewürzpulver

▶ Das passt dazu
Lecker mit Kräuterbaguette und frischem Kopfsalat mit Zitronendressing.

Kabeljau im Mangoldbett

Fisch auf Mangold – ein optischer Genuss.

▶ Für 4 Personen
Braucht etwas mehr Zeit
weizenfrei · glutenfrei
⏲ 25 Min. + 30 Min. Garzeit
4 Kabeljaufilets · ½ Knoblauchzehe · Saft von 1 Zitrone · 800 g Mangold · ¼ l Gemüsebrühe · ¼ l Weißwein · 1 Möhre · 1 Zwiebel · 2 EL Rapsöl · Salz | Pfeffer, frisch gemahlen · 1 Prise Muskat · 100 g Soja-Joghurt-alternative

- Kabeljaufilets waschen und trocken tupfen. Mit Zitronensaft beträufeln und mit Pfeffer und Salz einreiben.
- Mangold waschen, putzen, Strunk und Stiele entfernen, in ca. 1 cm breite Streifen schneiden. Möhre waschen und würfeln. Zwiebel schälen und würfeln. Möhren und Zwiebeln im Olivenöl andünsten. Mangold zugeben mit Pfeffer, Salz, Knoblauch und Muskat abschmecken und 10 Min. garen.
- Gemüsebrühe und Weißwein in einer Pfanne erwärmen. Fisch dazugeben und 12 – 15 Minuten garen. Filets herausnehmen, warm stellen. Sojajoghurt in den Fischfond einrühren, in eine Sauciere füllen und den Fisch auf dem Mangoldgemüse servieren.

▶ Mögliche Laktosequelle
Gemüsebrühe

Heilbutt mit Tomaten-Zucchini-Gemüse

Gegrillter Fisch auf frischem Gemüse, einfach nur lecker!

▶ Für 4 Personen

Gut vorzubereiten

weizenfrei · glutenfrei

20 Min. + 30 Min. Garzeit

4 Heilbuttfilets · Saft von 1 Zitrone · 100 ml Gemüsebrühe · 4 Zucchini · 2 Gemüsezwiebeln · 6 entkernte Oliven · 6 Tomaten · 3 – 4 EL Olivenöl · Salz | Pfeffer, frisch gemahlen · frischer Thymian · Basilikum · Oregano · Rapsöl

- Heilbuttfilets abspülen, trocken tupfen und mit Zitronensaft beträufeln. Zucchini waschen, in Scheiben schneiden. Zwiebel schälen, in Streifen schneiden. Oliven in feine Scheiben schneiden. Die Tomaten heiß überbrühen, häuten und würfeln.
- Zwiebeln und Zucchini im Olivenöl leicht anrösten, dann etwas Gemüsebrühe zugeben. Tomatenwürfel und Olivenscheiben zugeben, nur kurz garen. Mit den frischen Kräutern sowie Pfeffer und Salz abschmecken. Heilbutt mit Rapsöl bestreichen, pfeffern und salzen. Im vorgeheizten Grill von beiden Seiten grillen und zum Gemüse servieren.

▶ Mögliche Laktosequelle

Gemüsebrühe

Spargel aus dem Ofen mit Senf-Dip

Bei der Zubereitung im Ofen erhält der Spargel eine ganz eigene Note.

▶ Für 4 Personen

Braucht etwas mehr Zeit weizenfrei · glutenfrei

40 Min. + 60 Min. Garzeit

2 kg Spargel · 1 – 2 TL Zucker · Salz · 6 EL Margarine · 650 g Kartoffeln · 4 EL Mayonnaise · 200 ml Soja-Joghurtalternative · 2 EL Honig · 3 EL scharfer Senf · 1 Bund Schnittlauch · 1 EL Zitronensaft · Salz | Pfeffer, frisch gemahlen · 1 Bund Dill · 350 g gekochter Schinken

- Den Spargel waschen und schälen. Den Backofen auf 200 Grad (Umluft 180 Grad) vorheizen. Den Spargel in die Fettpfanne des Backofens legen und mit Zucker und Salz bestreuen. 3 EL Margarine schmelzen und über dem Spargel verteilen. Spargel mit Alufolie abdecken und ca. 50 Min. im Ofen garen.
- Die Kartoffeln schälen und in Salzwasser garen. Mayonnaise und Soja-Joghurtalternative mischen. Senf und Zitronensaft einrühren, mit Salz und Pfeffer abschmecken. Schnittlauch hacken. 1 EL beiseite stellen, den Rest in den Dip geben. Dill waschen, zupfen, hacken und ebenfalls unterrühren.
- Die restliche Margarine schmelzen, den verbliebenen Schnittlauch einrühren und über die Salzkartoffeln geben. Schinken, Dip und Kartoffeln können nun serviert werden.

▶ Mögliche Laktosequelle

Mayonnaise, Senf

Blumenkohlauflauf

Hier isst die ganze Familie gerne mit – der Auflauf kann wie ein Kuchen serviert werden.

▶ Für 4 Personen

Gelingt leicht weizenfrei

40 Min. + 35 Min. Garzeit

Für den Teig: 130 g Roggenmehl · 1 Pr. Meersalz · 25 g laktosefreie Margarine · 3 EL Soja-Joghurtalternative · ¼ TL Honig

Für die Füllung: 600 g Blumenkohl · 3 EL Olivenöl · 500 g Hackfleisch · 3 mittelgroße Zwiebeln · 60 g Walnusskerne · 1 TL Kräuter der Provence · 220 ml Soja-Joghurtalternative · 3 Eier · 2 EL Ketchup · ½ TL gekörnte Gemüsebrühe · Salz | Pfeffer, frisch gemahlen · ½ TL Muskatnuss, frisch gerieben

- Den Blumenkohl garen und in Röschen teilen. Alle Zutaten für den Teig vermischen. Eine Springform (Ø 26 cm) mit Backpapier auslegen, den Rand fetten und den Teig einfüllen, dabei einen etwa 3 cm hohen Teigrand hochziehen.
- Olivenöl erhitzen, Hackfleisch darin bräunen, gegebenenfalls mit etwas Wasser ablöschen. Zwiebeln schälen und würfeln, zum Hackfleisch geben. Walnusskerne hacken und ebenfalls dazugeben. Hackfleischmasse, Blumenkohl mit Pfeffer, Salz und Kräutern abschmecken.
- Sojajoghurt mit den Eiern und dem Ketchup verrühren, mit Pfeffer, Salz und Muskat abschmecken. Hackfleisch-Blumenkohl-Masse auf den Teig geben, Joghurtmischung gleichmäßig darüber verteilen. Im auf 160 Grad vorgeheizten Backofen bei Umluft auf mittlerer Schiene 30–40 Min. backen (bis die Joghurtmasse gut gestockt ist.)

▶ Mögliche Laktosequelle

Gewürze, Ketchup, Margarine, Gemüsebrühe, Soja-Joghurtalternative

Kartoffel-Spinat-Auflauf

Ein leckeres Familienmittagessen mit reichlich Gemüse und fein-sahniger Sauce.

▶ Für 2 – 3 Personen

Gut vorzubereiten **weizenfrei · glutenfrei**

50 Min.

8 große Kartoffeln · 2 dicke Zwiebeln · 300 g frischer Blattspinat · 6 Tomaten · 1 kleine Gurke · 3 EL Olivenöl · 50 g gemahlene Mandeln · Kurkumapulver · 250 ml Sojasahneersatz · Salz | Pfeffer, frisch gemahlen · Muskatnuss, frisch gerieben · Margarine · 1 TL gekörnte Gemüsebrühe

- Kartoffeln kochen, schälen und in Scheiben schneiden. Zwiebel schälen und hacken. Blattspinat waschen und in Streifen schneiden. Tomaten in Scheiben schneiden. Gurken schälen und in Scheiben schneiden.
- Olivenöl in der Pfanne erhitzen, Kartoffelscheiben und Zwiebeln zugeben. Alles kräftig anbraten. Mandeln und Kurkuma darüberstreuen. Blattspinat dazugeben und etwa 10 Min. dünsten.
- Eine Auflaufform mit Margarine ausfetten. Kartoffel-Spinat-Masse einfüllen, kräftig mit Pfeffer und Salz, Muskat und Gemüsebrühe abschmecken. Tomaten und Gurkenscheiben auf den Auflauf legen. Mit der Sojasahne übergießen und mit Alufolie abdecken. Backofen auf 200 Grad (Umluft 180 Grad) vorheizen und 20 Min. backen, dann die Folie entfernen und weitere 10 Min. backen.

▶ Mögliche Laktosequelle

Gemüsebrühe

Lauchauflauf

Lecker, deftig – das Richtige für kalte Tage.

▶ Für 4 Personen

Gut vorzubereiten **weizenfrei · glutenfrei**

30 Min. + 2 Stunden Garzeit

1,5 kg Kartoffeln · 3 Stangen Lauch · 2 TL Salz · Pfeffer · Muskatnuss, frisch gerieben · 2 Eier · 250 g Bauchspeck · laktosefreie Margarine

- Kartoffeln schälen, grob reiben. Lauch waschen, in feine Ringe schneiden. Kartoffeln und Lauch mischen, Gewürze und Eier zugeben. Zutaten gut vermischen. Margarine in einer Pfanne zerlassen, Bauchspeck darin leicht anbraten, zum Gemüse geben.
- Die Masse in eine gefettete Auflaufform füllen. Etwa 2 Stunden im Backofen bei 180 Grad (Umluft 160 Grad) auf der untersten Einschubhöhe backen. Bei zu starker Bräunung mit Alufolie abdecken.

▶ Mögliche Laktosequelle

Bauchspeck

Kartoffelkuchen

Für den Kuchen sollten die Kartoffeln gut abgelagert sein.

▶ Für 4 Personen

Braucht etwas mehr Zeit 35 Min. + 2 Stunden Garzeit

1 Brötchen · 2 kg Kartoffeln · 1 Zwiebel · 3 TL Salz · ½ TL Pfeffer · 1 Ei · 250 g Bauchspeckwürfel · Öl

- Das Brötchen in Wasser einweichen, Kartoffeln schälen und reiben. Zwiebel schälen und würfeln. Mit Pfeffer und Salz zu der Kartoffelmasse geben. Brötchen ausdrücken, mit dem Ei und dem Bauchspeck unter die Kartoffelmasse mischen.
- Einen Bräter aus Gusseisen auf dem Herd 1 cm hoch mit Öl füllen, erhitzen, Kartoffelmasse einfüllen und kurz anbraten. Bräter ohne Deckel in den auf 250 Grad (Umluft 225 Grad) vorgeheizten Ofen auf der untersten Einschubhöhe setzen und etwa 2 Stunden backen. Bei zu starker Bräunung Hitze auf 200 Grad reduzieren, die Kruste muss braun werden.

Wichtig: Ab und zu mit etwas Öl bestreichen, damit der Kuchen schön knusprig wird – in einem Bräter aus Gusseisen gelingt das am besten.

▶ Das passt dazu

Zum Kartoffelkuchen schmeckt Apfelgelee, Apfelmus oder grobe Hausmacher Leberwurst. Ob süß oder deftig – beides passt ganz hervorragend.

▶ Mögliche Laktosequelle

Bauchspeck, Brötchen

Tipp

Ohne Brötchen wird der Kuchen fester, ist dann aber glutenfrei!

Deftige Bauernpfanne

Das perfekte Resteessen.

▶ Für 2 Personen

Gelingt leicht weizenfrei · glutenfrei

30 Min.

1–2 EL laktosefreie Margarine · 500 g Pellkartoffeln vom Vortag · 1 Gemüsezwiebel · 2 Pfefferbeißer (z. B. Grünes Land Bio Pfefferbeißer) · 2 säuerliche Äpfel · Salz | Pfeffer, frisch gemahlen · Schnittlauch · Petersilie · Thymian etc.

- Margarine in der Pfanne erhitzen. Pellkartoffeln in Scheiben schneiden und anbraten. Zwiebel in Streifen schneiden, zu den Bratkartoffeln geben. Pfefferbeißer in Scheiben schneiden, mit anbraten.
- Die Äpfel entkernen, in Scheiben schneiden und kurz vor Ende der Bratzeit hinzufügen. Mit Salz, Pfeffer und den frischen Kräutern abschmecken.

▶ Variante

Auch mit Wiener Würstchen schmeckt die Bauernpfanne sehr gut.

▶ Mögliche Laktosequelle

Pfefferbeißer

SO WIRD'S GEMACHT

Pellkartoffeln mit Schnittlauchquark

1 Bund Schnittlauch · 1 kleine Zwiebel · 1 großer Becher Soja-Joghurtalternative · Salz | Pfeffer, frisch gemahlen · 500 g Pellkartoffeln

- Schnittlauch waschen und in Röllchen schneiden. Zwiebeln schälen und fein würfeln. Zwiebeln und Schnittlauch unter die Soja-Joghurtalternative heben, mit Pfeffer und Salz würzen.
- Im Kühlschrank für 1–2 Stunden kalt stellen. Pellkartoffeln kochen und mit Kräuterquark servieren.

Kartoffel-Mandel-Rukola-Auflauf

Ein Mittagessen, das sich gut vorbereiten lässt.

▶ Für 2 Personen
Gut vorzubereiten
weizenfrei · glutenfrei
25 Min. + 20 Min. Garzeit

4 große Kartoffeln · 2 Zwiebeln · 1 Knoblauchzehe · 2 TL Olivenöl · 50 g Mandelblättchen · ½ TL Kurkumapulver · 200 g Rukola · 250 ml Sojacreme (Alpro Cuisine) · Salz | Pfeffer, frisch gemahlen · Muskatnuss, frisch gerieben · 1 TL gekörnte Gemüsebrühe

- Kartoffeln als Pellkartoffeln kochen, dann schälen und in Scheiben schneiden. Zwiebeln schälen, in Ringe schneiden. Knoblauch fein hacken. Zwiebel und Knoblauch im Olivenöl anbraten. Mandeln, Kartoffeln und Kurkuma hinzufügen und unter ständigem Rühren anbraten.
- Rukola waschen, trocken schütteln und dazugeben. Kartoffel-Mandel-Rukola-Mischung in eine feuerfeste Form füllen. Sojacreme mit Pfeffer, Salz, Muskat und Gemüsebrühe würzen und in die Form gießen. Backofen auf 200 Grad (Umluft 180 Grad) vorheizen und 20 Min. backen.

▶ Das passt dazu
Lecker zu gegrilltem Fleisch oder Fisch.

▶ Mögliche Laktosequelle
Gemüsebrühe

Rosmarinkartöffelchen

Rosmarin oder Kümmel? Das Gewürz setzt bei dieser Beilage den Akzent.

▶ Für 4 Personen

Gelingt leicht **20 Min. + 60 Min. Garzeit**

1 kg Kartoffeln (fest kochend) · 4 EL Olivenöl · 3 – 4 Knoblauchzehen · frischer Rosmarin

- Den Backofen auf 180 Grad (Umluft 160) vorheizen. Kartoffeln gründlich waschen und abbürsten. Die Knoblauchzehen nicht schälen, sondern nur mit dem Messerrücken kurz andrücken.
- Die Kartoffeln mit dem Rosmarin und Knoblauch in eine feuerfeste Form füllen und alles mit Olivenöl beträufeln. Die Kartoffeln im vorgeheizten Backofen 40 Min. backen.

▶ Das passt dazu

Lecker zu Grillfleisch und frischem Salat.

BEILAGEN

Kartoffelgratin

Auch ohne Milch und Sahne ein Genuss.

▶ Für 4 Personen
Gut vorzubereiten
weizenfrei · glutenfrei
20 Min. + 40 Min. Garzeit

750 g Kartoffeln · 1 EL laktosefreie Margarine · 200 ml Sojacreme · 4 EL Senf · 1 TL gekörnte Gemüsebrühe · Salz | Pfeffer, frisch gemahlen

- Kartoffeln schälen und in dünne Scheiben hobeln. Auflaufform mit der Margarine ausfetten und die Kartoffelscheiben einschichten. Sojacreme mit Senf, Gemüsebrühe, Salz und Pfeffer anrühren und über die Kartoffeln gießen.
- Im auf 180 Grad (Umluft) vorgeheizten Backofen auf der mittleren Einschubhöhe 40 Min. garen.

▶ Mögliche Laktosequelle
Senf, Sojacreme, Gemüsebrühe

Kartoffelklöße

Klassische Klöße – die Mühe lohnt sich!

▶ Für 4 Personen
Braucht etwas mehr Zeit
35 Min. + 20 Min. Garzeit

1 kg Kartoffeln (mehlig kochend) · 150 g Mehl · 2 Eier · 1 TL Salz · Pfeffer · Muskatnuss, frisch gerieben · 1 EL Petersilie, gehackt · evtl. etwas Speisestärke

- Kartoffeln ungeschält kochen, pellen und noch heiß durch eine Presse drücken. Alle Zutaten hinzugeben und gut durchkneten. Etwa 5 cm dicke Rollen formen, davon gleich große Teile abschneiden und mit angefeuchteten Händen zu Klößen formen. In siedendes Wasser geben und 15–20 Min. ziehen lassen.

▶ Mögliche Laktosequelle
Speisestärke

Tipp
Probieren Sie es erst mit einem Kloß – sollte er im Wasser auseinanderfallen, mischen Sie etwas Stärke unter.

Kartoffelwaffeln

Eine ideale Salatbeilage.

▶ Für 4 Personen
Gut vorzubereiten
weizenfrei · glutenfrei
30 Min.

1 kg Kartoffeln · 2 Zwiebeln · 2 Eier · 1 Eigelb · Salz | Pfeffer, frisch gemahlen · Muskatnuss, frisch gerieben · 2 EL Sesam · 1 TL gehackte Petersilie · laktosefreie Margarine

- Kartoffeln fein reiben, die Masse in ein Leinentuch füllen und auspressen. Zwiebeln schälen, ganz fein würfeln. Kartoffelraspel, Zwiebeln und Eier mit Pfeffer, Salz, Muskat, Petersilie und Sesam mischen.
- Das Waffeleisen erwärmen, mit Margarine einpinseln und den Teig darin ausbacken.

▶ Das passt dazu
Lecker zu Feldsalat oder grünem Salat. Prima auch mit Tsatsiki (S. 48).

▶ Kartoffelwaffeln

Kartoffelpüree

Schnell gemacht und beliebt bei Kindern.

▶ Für 2 – 3 Personen
Preisgünstig
weizenfrei · glutenfrei
25 Min.

500 g Kartoffeln (mehlig kochend) · 2 TL Salz · ½ l Kochwasser der Kartoffeln · 2 – 3 EL laktosefreie Margarine

- Kartoffeln schälen, in Wasser mit 2 TL Salz 15–20 Min. kochen, bis die Kartoffeln weich sind. Vom Herd nehmen, ¼ l des Kochwassers aufheben. Die Kartoffeln stampfen oder pürieren, dabei das restliche Kartoffelwasser unterrühren. Zum Schluss 2–3 EL Margarine dazugeben.

Tipp
Wer es gerne feiner mag, kann einen Schuss Sojasahneersatz unterrühren oder ein wenig heißen Sojadrink einrühren.

Herzoginkartoffeln

Wenn es einmal eine besondere Beilage sein soll.

▶ Für 4 Personen
Gut vorzubereiten
weizenfrei · glutenfrei
40 Min. + 10 Min. Backzeit

800 g Kartoffeln (mehlig kochend) · 2 Eigelb · 60 g laktosefreie Margarine · Salz | Pfeffer, frisch gemahlen · Muskatnuss, frisch gerieben · Kartoffelstärke

- Kartoffeln in der Schale kochen, pellen. Noch warm durch eine Kartoffelpresse drücken und mit Eigelb, 50 g Margarine, Pfeffer, Salz und Muskat mischen. Nur so viel Stärke zugeben, bis die Masse formbar ist.
- Teig in eine Spritztülle mit Sternform geben, kleine Rosetten auf ein gefettetes oder mit Backpapier ausgelegtes Backblech spritzen. Die restliche Margarine zerlassen und die Rosetten vor dem Backen damit bestreichen. Backofen auf 225 Grad (Umluft 200 Grad) vorheizen, dann 10 Min. backen.

Tipp
Je nach Festigkeit der Margarine müssen Sie etwas mehr oder weniger Kartoffelstärke zugeben! Zu wenig Stärke lässt die Herzoginkartoffeln zerlaufen, zu viel macht sie zäh.

Karotten-Kartoffel-Püree

Prima für Kinder, denen man das Gemüse untermogeln muss.

▶ Für 3 – 4 Personen
Preisgünstig
weizenfrei · glutenfrei
30 Min.

Zutaten für das Kartoffelpüree (S. 84) · 250 g Karotten · 1 Zwiebel · 1 EL laktosefreie Margarine · Zucker · Salz | Pfeffer, frisch gemahlen

- Kartoffelpüree wie beschrieben zubereiten. Karotten waschen und putzen, in Würfel schneiden. Zwiebel schälen und in Würfel schneiden. Zwiebel in der Margarine anschwitzen. Karotten mit wenig Wasser dazugeben und andünsten. Karotten pürieren und unter das Kartoffelpüree heben.

Kroketten

Prima für den Vorrat: die Kroketten lassen sich gut einfrieren.

▶ Für 4 Personen

Braucht etwas mehr Zeit **40 Min.**

850 g Kartoffeln (mehlig kochend) · 1 – 2 EL laktosefreie Margarine · 3 EL Mehl · 2 Eigelb · Salz | Pfeffer, frisch gemahlen · Muskatnuss, frisch gerieben · 1 TL gehackte Petersilie · Mehl · 3 Eier, verquirlt · Paniermehl

- Kartoffeln in der Schale kochen, pellen und noch warm durch die Kartoffelpresse drücken. Teig mit Margarine, Mehl, Eigelb und Gewürzen mischen. Eine Rolle formen und 3 cm lange Stücke abtrennen.
- Kroketten erst in wenig Mehl, dann im verquirlten Ei und zuletzt in Paniermehl wenden. Die Friteuse auf 180 Grad erhitzen und die Kroketten portionsweise 4 Min. darin ausbacken.

▶ Mögliche Laktosequelle

Paniermehl

Tipp

Paniermehl stellen Sie am besten selbst her aus altbackenem, milchfreiem Weißbrot.

Gurkengemüse

Ein sommerliches Gemüse!

▶ Für 2 Personen

Preisgünstig

weizenfrei · glutenfrei

25 Min.

1 kleine Zwiebel · 2 Tomaten · 1 große Salatgurke · 2 TL Olivenöl · 1/4 l Gemüsebrühe · 1/2 TL Currypulver · Salz | Pfeffer, frisch gemahlen · Margarine

- Die Zwiebel schälen und würfeln. Die Gurke waschen, halbieren und in dicke Scheiben schneiden. Tomaten heiß überbrühen, häuten und würfeln. Die Zwiebel im Öl andünsten, anschließend Gurken und Tomaten zugeben.
- Alles mit der Gemüsebrühe auffüllen. Mit Curry, Pfeffer und Salz abschmecken. Eventuell einen Stich Margarine zugeben.

▶ Mögliche Laktosequelle

Gemüsebrühe, Gewürze

Wok-Gemüse

Nur kurz im Wok gebraten, damit das Gemüse schön knackig bleibt.

▶ Für 2 Personen

Gelingt leicht

weizenfrei · glutenfrei

25 Min. + 30 Min. Ziehzeit

1/2 Tasse Öl · 2 TL Salz · 2 Paprika · 2 große Karotten · 1 Fenchelknolle · 1 Aubergine · 1 Zucchini · 2 Lauchzwiebeln · 3 EL Schnittlauchröllchen · Pfeffer · Koriander · Kardamom

- Das Öl mit dem Salz vermischen. Paprika entkernen und in Viertel schneiden. Karotten mit einem Spargelschäler in Streifen schneiden. Fenchel in Streifen schneiden. Aubergine halbieren und in kleine Stücke schneiden. Zucchini mit einem Spargelschäler in Streifen schneiden. Lauchzwiebeln in Stücke schneiden.
- Das gesamte Gemüse in das Öl-Salz-Gemisch geben und kräftig durchmischen. Etwa 30 Min. ziehen lassen. Etwas Öl in einem Wok erhitzen. Das Gemüse darin kurz anbraten, damit es knackig bleibt. Gewürze und Schnittlauchröllchen nach Geschmack hinzufügen.

Ratatouille

Der Klassiker aus Südfrankreich.

- Olivenöl mit Salz vermischen. Die Aubergine vierteln und in dünne Scheiben schneiden. Zucchini in diagonale Stückchen schneiden.
- Den Backofengrill vorheizen. Die Paprikaschoten entkernen, vierteln und mit Olivenöl bestreichen. Die Schoten so lange mit der Hautseite nach oben im Ofen grillen, bis die Haut Blasen wirft und schwarz wird. Paprikaschoten in eine Plastikdose füllen und kurz in die Gefriertruhe stellen; dann lässt sich die Haut leicht abziehen. Die Paprikaschoten in Streifen schneiden.
- Zucchini und Auberginen in das Öl-Salz-Gemisch geben. Die Zwiebel in Streifen schneiden. Knoblauchzehe fein hacken. Die Tomaten mit kochendem Wasser überbrühen, häuten, entkernen und in kleine Stückchen schneiden. Etwas Olivenöl in der Pfanne erhitzen. Zwiebeln und Knoblauch sanft anbraten.
- Aubergine, Zucchini, Paprika dazugeben, die Temperatur erhöhen und 5 Min. köcheln lassen. Thymianblättchen abzupfen und zusammen mit dem Rosmarinzweig und den Tomaten hinzufügen, weitere 5 Min. köcheln lassen. Mit Weißwein ablöschen und das Gemüse ziehen lassen. Mit Salz und den Kräutern abschmecken.

▶ Für 4 Personen

Braucht etwas mehr Zeit

weizenfrei · glutenfrei

30 Min + 20 Min. Garzeit

½ Tasse Olivenöl
1 TL Salz
1 mittelgroße Aubergine
3 mittelgroße Zucchini
je 1 rote, grüne und orange Paprikaschote
1 Gemüsezwiebel
1 Knoblauchzehe
8 Fleischtomaten
100 ml trockener Weißwein
je 1 Thymian- und Rosmarinzweig
Salz | Pfeffer, frisch gemahlen

Pfefferminzsauce

Erfrischend an heißen Tagen.

▶ Für 4 Personen

Gelingt leicht ⏲ **5 Min.**

1 TL Zucker · 2 EL Balsamico-Essig · 2 EL frisch gehackte Minze · 1 TL Senf · 3 EL Gemüsebrühe · 2 EL Weißwein

- Zucker mit dem Schneebesen in den Balsamico-Essig rühren, die restlichen Zutaten hinzufügen. Leicht erhitzen, dann servieren.

▶ Das passt dazu

Lecker zu Steaks und allem Kurzgebratenen.

▶ Mögliche Laktosequelle

Gemüsebrühe, Senf

Dunkle Mehlschwitze

Grundlage für dunkle Saucen.

▶ Für 4 Personen

Gelingt leicht ⏲ **20 Min.**

50 g laktosefreie Margarine · 50 g Mehl · ½ – ⅔ l Gemüsebrühe · 1 Pr. Salz · Zuckerrübensirup

- Margarine zerlassen, Mehl darin langsam anschwitzen, bis das Mehl dunkelbraun wird (bei kleiner Hitze!). Dann erst unter ständigem Rühren etwas Brühe hinzufügen, bis die gewünschte Sämigkeit erreicht ist. Mit wenig Zuckerrübensirup süßen.

▶ Variante

Einen Schuss Rotwein hinzufügen.

▶ Mögliche Laktosequelle

Gemüsebrühe

Holländische Sauce

Ob Blumenkohl oder Spargel – diese Sauce schmeckt herrlich.

▶ Für 4 Personen

Preisgünstig ⏲ **20 Min.**

2 EL Margarine · 3 EL Dinkelmehl · ¼ l Sojadrink · 300 ml Wasser · 1 EL Gemüsebrühepulver · Zitronensaft · Salz · Muskat · 2 Eigelb

- Margarine erwärmen. Mehl unter Zugabe von Sojadrink beigeben und langsam das Wasser zufügen, bis eine sämige Masse entsteht.
- Mit der Gemüsebrühe und Zitronensaft abschmecken, die Gewürze hinzufügen. Die Sauce vom Herd nehmen und das verquirlte Eigelb unterziehen.

▶ Mögliche Laktosequelle

Margarine, Gemüsebrühe

Rote Grundsauce

Grundlage für viele leckere mediterrane Saucen.

▶ Für 4 Personen

Preisgünstig 20 Min.

50 g laktosefreie Margarine · 50 g Mehl · ½–⅔ l Gemüsebrühe · 1 – 2 EL Tomatenmark oder Ketchup · 1 EL Kräuter der Provence · Salz | Pfeffer, frisch gemahlen · Zucker

- Margarine zerlassen, Mehl darin bei kleiner Hitze langsam anschwitzen. Unter ständigem Rühren etwas Brühe hinzufügen, bis die gewünschte Sämigkeit erreicht ist. Tomatenmark unterrühren. Kräuter einrühren und mit Zucker, Pfeffer und Salz abschmecken.

▶ Variante

Statt Kräutern der Provence frische Kräuter verwenden.

▶ Mögliche Laktosequelle

Gemüsebrühe, Ketchup, Kräuter, Tomatenmark

Tomatensauce

Erfrischend italienisch.

▶ Für 4 Personen

Gelingt leicht 20 Min.

6 Tomaten · 1 Zwiebel · 2 EL Olivenöl · ½ l Gemüsebrühe · 1 – 2 EL Tomatenmark oder Ketchup · Kräuter der Provence · Salz | Pfeffer, frisch gemahlen · Chilipulver oder getrocknete Chilischoten · Speisestärke

- Die Tomaten mit heißem Wasser überbrühen, häuten und anschließend würfeln. Zwiebel schälen und würfeln. Zwiebeln im Olivenöl andünsten.
- Tomaten hinzugeben, langsam mit Brühe auffüllen. Mit den Gewürzen und Tomatenmark abschmecken. Mit Speisestärke binden.

▶ Mögliche Laktosequelle

Gemüsebrühe, Gewürze, Ketchup, Kräuter, Speisestärke, Tomatenmark

Gemüsesauce

Ob mit Nudeln oder zu Fleisch – die Sauce ist vielseitig einsetzbar.

▶ Für 4 Personen

Gelingt leicht weizenfrei · glutenfrei

30 Min.

1 Zucchini · 1 Aubergine · 1 Zwiebel · 3 EL Ketchup · 50 g laktosefreie Margarine · 3 EL Speisestärke · ½–⅔ l Gemüsebrühe · Salz | Pfeffer, frisch gemahlen · Oregano · Rosmarin

- Zucchini und Aubergine waschen und in kleine Würfel schneiden. Zwiebel schälen und würfeln.
- Margarine in der Pfanne zerlassen, Zwiebeln, Auberginen und Zucchini darin andünsten. Mit Gemüsebrühe langsam auffüllen. Den Ketchup zugeben und mit den Gewürzen abschmecken. Zum Schluss mit der Speisestärke binden.

▶ Mögliche Laktosequelle

Gemüsebrühe, Speisestärke

Kokosmilchreis

Milchreis, ganz ohne Milch – lecker!

▶ Für 2 Personen

Gelingt leicht weizenfrei · glutenfrei

10 Min. + 40 Min. Garzeit

250 g Milchreis · 200 ml Sojadrink (oder Wasser) · Salz · 400 ml Kokosmilch ungesüßt · 100 ml Wasser · ½ Vanilleschote · Salz/Zucker/Zimt

- Milchreis mit Wasser, Salz, Sojadrink und der Kokosmilch bei mittlerer Hitze köcheln lassen. Wichtig: Immer wieder umrühren, da der Milchreis leicht anbrennt.
- Vanilleschote halbieren. ½ Schote aufschlitzen und das Mark herauskratzen. Das Mark mit Zucker und Zimt gegen Ende der Garzeit einrühren.

▶ Variante

Kalt servieren als Dessert mit frischem Obst z. B. Himbeeren oder Preiselbeeren. Ein optischer Blickfang, wenn man ihn in kleine Gläser gibt und wechselweise schichtet: Milchreis, Fruchtpüree, Milchreis. Als Abschluss kommen die passenden Früchte als Dekoration obenauf.

DESSERTS UND SÜSSSPEISEN

Apfelringe in Bierteig

Ein Klassiker, prima als Dessert für den Herbst oder Winter.

▶ Für 4 Personen

Gelingt leicht

35 Min. + 10 Min. Ausbackzeit

Für die Apfelringe: 2 Äpfel · 2 EL Rum · 2 EL Zucker · 1 TL Zimt

Für den Bierteig: 2 Eier · 200 g Mehl · 1/4 l dunkles Bier · 1 Pr. Salz · 1/2 Vanilleschote · Pflanzenöl zum Ausbacken

- Äpfel schälen, das Kerngehäuse ausstechen und Äpfel in etwa 1 cm breite Ringe schneiden. Die Apfelringe in eine Mischung aus Rum, Zucker und Zimt legen und kurz ziehen lassen.
- Eier trennen, Eiweiß zu steifem Schnee schlagen. Eigelb, Mehl, Bier, Salz und das Mark der Vanilleschote zu einem Teig verrühren, dann das Eiweiß unterheben. Apfelringe in dieser Masse wenden. Die Ringe in heißem Fett ausbacken, mit Zucker und Zimt bestreuen.

▶ Variante

Statt Äpfel können Sie z. B. auch Ananas verwenden.

Vanille-Erdbeer-Reis

Die ideale Zwischenmahlzeit, wenn es heiß ist – kühl servieren!

▶ Für 1 Portion

Preisgünstig

weizenfrei · glutenfrei

10 Min.

130 g Erdbeeren · 125 g Sojapudding Vanille · 1 Pr. Zimt · 4 EL kalter gekochter Reis

- Erdbeeren waschen, putzen und vierteln. Vanillepudding mit Zimt abschmecken. Den Reis unterheben. Die Erdbeeren auf dem Vanillereis verteilen.

▶ Mögliche Laktosequelle

Sojapudding

Kokos-Bananen-Pfannkuchen

Schön saftig dank Banane.

▶ Für 2 – 4 Personen

Preisgünstig **30 Min.**

250 ml Kokosmilch · 150 g Dinkelmehl · 3 Bananen · 1 EL Tahin · 2 EL Zitronensaft · 2 EL Honig · Zimt nach Geschmack · 1 Pr. Salz · laktosefreie Margarine

- Kokosmilch mit dem Mixer aufschäumen und langsam das Mehl einrühren. Zwei Bananen zerdrücken und in die Kokosmilchmasse geben. Tahin, Zitronensaft, Honig, Zimt und Salz hinzufügen.
- Margarine in einer Pfanne erhitzen. Eine Kelle Teig darin dünn ausbacken. Die letzte Banane in Scheiben schneiden und die fertigen Pfannkuchen damit dekorieren.

▶ Mögliche Laktosequelle

Honig, Tahin

Obstsalat

Ein wahrer Augenschmaus.

▶ Für 2 Personen

Gelingt leicht

weizenfrei · glutenfrei

15 Min.

1 kleine Honigmelone · 1 Banane · 1 Handvoll Erdbeeren · 1 Handvoll Blaubeeren · 2 EL Ahornsirup · Minzeblättchen

- Die Melone halbieren und mit einem Kugelausstecher kleine Melonenbällchen ausstechen. Die Banane schälen und in Stücke schneiden. Erdbeeren waschen und halbieren, Blaubeeren waschen und verlesen.
- Das Obst mit dem Ahornsirup beträufeln und mischen, dann zum Servieren wieder zurück in die ausgehöhlten Melonenhälften füllen.

Beschwipste Mousse au Chocolat

Ein festliches Dessert, das trotzdem schnell gemacht ist.

► Für 4 – 6 Portionen

Geht schnell

15 Min. + 60 Min. Ruhezeit

1 Packung Mousse au Chocolat (Sobo Naturkost) · 100 ml Wasser · 125 ml Sojakakao von Alpro · 300 ml Soya Schlag Creme (Soyatoo) · 1 Packung Löffelbiskuit · 2 cl Amarettolikör · milchfreie Schokostreusel, zartbitter

- Kakaopulver gemäß Packungsbeilage mit 100 ml Wasser anrühren. 125 ml Sojakakao zugeben (statt Vollmilch).
- Vorsichtig die 300 ml Soja-Schlagcreme unterheben (statt der auf der Packung angegebenen 200 ml Sahne), mindestens 1 Stunde kühl stellen.
- Eine rechteckige Schüssel vor dem Einfüllen des Mousse mit milchfreien Löffelbiskuit auslegen. Biskuits vorsichtig mit etwas Amaretto tränken und das Mousse darübergeben. 1 Stunde kühl stellen. Vor dem Servieren mit Schokostreuseln bestreuen.

► **Variante**

Eine erfrischende Note erhält das Ganze, wenn sie statt Sojasahne Joghurt auf Sojabasis verwenden.

► **Mögliche Laktosequelle**

Löffelbisquit

Tipp

Wer kein Soja, aber Milcheiweiß verträgt, kann laktosefreie Milchprodukte verwenden.

Rotwein-Birnen

Dieses Dessert schmeckt warm oder kalt.

▶ Für 4 – 6 Personen
Gut vorzubereiten
weizenfrei · glutenfrei
15 Min. + 45 Min. Garzeit
1 kg Birnen · 1 l Rotwein · 20 Gewürznelken · 2 Zimtstangen · 10 g Zucker · 1 Vanilleschote

- Birnen waschen, jedoch nicht schälen. Rotwein mit Nelken, Zimt, Zucker und dem Mark der Vanilleschote zum Kochen bringen. Birnen hineingeben, sodass sie mit der Flüssigkeit bedeckt sind. Im geschlossenen Topf 45 Min. köcheln, bis die Birnen weich sind.
- Birnen aus dem Topf nehmen. Den Sud mit Zucker süßen und einkochen, bis er sirupartig ist. Vor dem Servieren den Sirup über die Birnen gießen.

Sojaeis Nektarine-Ananas-Banane

Ein fein-sahniges Fruchteis.

▶ Für 2 Personen
Gelingt leicht
weizenfrei · glutenfrei
40 Min. + 2 Stunden Kühlzeit
1 Banane · 1 Nektarine · 3 Scheiben frische Ananas · 100 ml Sojasahneersatz

- Die Banane pürieren. Nektarine und Ananas klein geschnitten zugeben, ebenfalls pürieren, bis 300 g Fruchtmasse erreicht sind. Mit 100 ml Sojasahneersatz auffüllen und gut vermischen.
- Anschließend für etwa 2 Stunden im Kühlschrank kalt stellen. Danach für 20–30 Min. in die Eismaschine geben.

▶ Mögliche Laktosequelle
Sojasahneersatz

Wackel-Apfel

So einfach lässt sich Götterspeise zubereiten.

▶ Für 6 Personen
Braucht etwas mehr Zeit
weizenfrei · glutenfrei
20 Min.
12 Blatt weiße Gelatine · ¾ l Apfelsaft · 1 Vanilleschote · Zucker · 3 süß-aromatische Äpfel · Zimt

- Gelatine 5 Min. in kaltem Wasser einweichen und leicht ausdrücken. Apfelsaft mit der aufgeschlitzten Vanilleschote zum Kochen bringen, dann vom Herd nehmen. Evtl. mit Zucker süßen.
- Gelatine in den Apfelsaft geben, zuvor die Vanilleschote herausnehmen. Mit Zimt abschmecken. Den Apfelsaft kalt stellen und leicht angelieren lassen. Die Äpfel schälen, in kleine Würfel schneiden und dazugeben.

▶ Mögliche Laktosequelle
Gelatine

Tipp

Die Apfelstücke erst untermischen, wenn das Gelee beginnt, fester zu werden. Sie lassen sich dann gleichmäßiger verteilen. Der Wackel-Apfel macht sich sehr gut in gläsernen Sektschalen!

Zitronensorbet

Herrlich erfrischend und ganz leicht vorzubereiten.

► Für 2 Personen
Gelingt leicht
weizenfrei · glutenfrei
40 Min.
400 g Zucker · 400 ml Wasser · 1 Scheibe frische Zitrone · ½ Eiweiß · 175 ml frischer Zitronensaft · Saft einer halben Apfelsine

- Wasser und Zucker in einen Topf geben und unter ständigem Rühren auf kleiner Flamme auflösen. Sollte sich Schaum bilden, sofort abschöpfen! Wenn sich der gesamte Zucker aufgelöst hat, den Sirup maximal 1 Min. kurz aufkochen. Zuckersirup abkühlen lassen.
- Zitronenscheibe in kleine Stückchen hacken. Eiweiß steif schlagen, Zitronen- und Apfelsinensaft in den abgekühlten Sirup einrühren. Langsam das Eiweiß unterrühren. Zitronenstückchen zu geben. Die Flüssigkeit für 20–30 Min. in die Eismaschine geben.
- Wichtig: Alle Zutaten müssen gut gekühlt sein. Dafür die vermischten Zutaten noch einmal für 10 Min. in die Tiefkühltruhe stellen. Wenn Sie Gäste erwarten, kann die Masse natürlich auch schon für längere Zeit in den Kühlschrank.

Marzipanparfait

Ein Semifreddo, das auf der Zunge zergeht – prima für Gäste.

▶ Für 4 – 6 Personen
Gelingt leicht
weizenfrei · glutenfrei
10 Min. + 12 Stunden Kühlzeit
200 g Marzipanrohmasse · 250 ml Cuisine (Alpro oder CreSoy/Natumi)

- Marzipan in kleine Stücke schneiden und in den elektrischen Shaker geben. Langsam die Sojacreme zugießen und gut mischen, bis ein dickflüssiger Brei ohne Stückchen entsteht.
- Die Masse in einer Plastikdose mindestens 12 Stunden tiefgefrieren. Zum Servieren in Scheiben schneiden und 15 Min. antauen lassen.

▶ Mögliche Laktosequelle
Marzipan

Erdbeersorbet

Dank tiefgekühlter Früchte auch außerhalb der Saison zu genießen.

▶ Für 2 Personen
Preisgünstig **40 Min.**
250 g Tiefkühl-Erdbeeren · 180 ml reiner Himbeersirup

- Erdbeeren in einem Standmixer pürieren, in die Eismaschine geben und langsam den Sirup hinzufügen. Etwa für 30 Min. in die Eismaschine geben.

▶ Variante
Sie können natürlich im Sommer auch frische Erdbeeren verwenden. Sie sollten nur sehr kalt sein, da ansonsten das Sorbet zu flüssig wird. Und wer den fertigen Sirup nicht mag, kann auch selbst einen Zuckersirup herstellen (S. 96).

Nektarinensorbet

Ein herrliches Sommersorbet!

▶ Für 4 – 6 Personen
Braucht etwas mehr Zeit
weizenfrei · glutenfrei
45 Min. + 60 Min. Kühlzeit
500 g Nektarinenfruchtfleisch · ⅛ l reiner Apfelsaft · 50 g Puderzucker · 1 EL Zitronensaft · 1 TL Vanillezucker · 1 Pr. Zimt

- Das Fruchtfleisch pürieren und etwa 1 Stunde im Kühlschrank kalt stellen. Anschließend mit den anderen Zutaten mischen. 20–30 Min. in die Eismaschine geben.

▶ Mögliche Laktosequelle
Vanillezucker

Tipp

Die Anschaffung einer Eismaschine lohnt sich für alle, die an Laktose-Intoleranz leiden. So können Sie Eiscreme und Sorbets kinderleicht und ohne Laktose herstellen. Besitzen Sie keine Eismaschine, füllen Sie die Eismasse einfach in eine flache Metallform und rühren während des Gefrierens alle 30 Min. einmal mit einer Gabel durch – so wird das Sorbet zur italienischen Granita!

Schokoladen-Muffins

Herrlich saftig!

▶ Für 12 Stück

Braucht etwas mehr Zeit

40 Min. + 45 Min. Ruhezeit + 20 Min. Backzeit

150 g Zartbitterschokolade (z. B. Amazonas/Fa. J. Groß) · 125 g laktosefreie Margarine · 2 Eier · 230 g Zucker · 1 Pck. Vanillezucker · Salz · 200 g Mehl · 2 TL Backpulver

- 150 g Zartbitterschokolade im Wasserbad schmelzen und die Margarine dazugeben. Alles abkühlen lassen, dann die Eier hinzufügen.
- Den Backofen vorheizen auf 175 Grad (Umluft 160 Grad) und ein Muffinblech mit Papierförmchen bestücken.
- Zucker, Vanillezucker, Salz, Eier, Mehl und Backpulver in einer Rührschüssel mischen. Die flüssigen Zutaten zu den trockenen Zutaten geben, vorsichtig alles untermengen, den Teig auf die Muffinförmchen verteilen und 20 Min. backen. Aus dem Ofen nehmen und auf dem Kuchengitter auskühlen lassen.

▶ Mögliche Laktosequelle

Backpulver, Vanillezucker

KUCHEN, GEBÄCK UND BROT

Rotweinkuchen

Dank Rotwein und zartbitterer Schokolade eine feine Alternative zu herkömmlichem Rührkuchen.

▶ Für 10 – 12 Stücke

Gut vorzubereiten **15 Min. + 60 Min. Backzeit**

250 g laktosefreie Margarine · 250 g Zucker · 3 Eier · 1 Päckchen Vanillezucker · 1 Pr. Salz · 1 Vanilleschote · 250 g Mehl · 1 Päckchen Backpulver · ⅛ l Rotwein · 100 g geraspelte Zartbitterschokolade · 3 TL Kakaopulver · 1 TL Zimt · Margarine (für die Form) · 200 g Halbbitterkuvertüre (z. B. von Weinrich) · 50 g gehobelte Mandeln

- Margarine, Zucker, Eier, Vanillezucker und eine Prise Salz schaumig rühren. Vanilleschote der Länge nach halbieren, das Mark herauskratzen und hinzufügen. Mehl und Backpulver langsam zugeben. Die Schokolade und den Rotwein unterrühren. Kakaopulver und Zimt untermischen.
- Alle Zutaten mit dem Handrührgerät verrühren und in eine gefettete Gugelhupfform füllen. Den Kuchen auf Umluft bei 160 Grad auf der untersten Schiene 60 Min. backen.
- Für die Glasur die Halbbitterkuvertüre im Wasserbad schmelzen und den ausgekühlten Kuchen nach dem Backen damit überziehen. Solange die Glasur noch feucht ist, mit den gehobelten Mandeln verzieren.

▶ Mögliche Laktosequelle

Backpulver, Kakaopulver, Vanillezucker, Zartbitterschokolade

Apfeltarte

Diese französische Tarte mit Marzipanstreuseln eignet sich auch prima als warmes Dessert.

▶ Für 8 Portionen

Gelingt leicht **weizenfrei**

20 Min. + 60 Min. Ruhezeit + 30 Min. Backzeit

175 g laktosefreie Margarine · 50 g Zucker · 1 Ei · 250 g Roggenmehl · 4 süße Äpfel · 1 EL Zitronensaft · 3 EL Apfelmus oder Apfelgelee · 200 g Marzipan · 2 EL Rosinen

- Margarine mit Zucker und Ei schaumig rühren. Roggenmehl untermischen, bis ein fester Knetteig entsteht. Nach Möglichkeit den Teig 1 Stunde im Kühlschrank ruhen lassen. Für die Füllung die Äpfel waschen, schälen, vierteln und mit Zitronensaft beträufeln. Dann das Apfelmus untermischen.
- Marzipan auf einer Reibe grob raspeln. Die Hälfte unter die Äpfel heben. Eine Springform fetten und mit dem Teig auslegen, dabei einen 4–5 cm hohen Rand hochziehen. Die Füllung gleichmäßig darauf verteilen.
- Den Kuchen mit dem restlichen Marzipan bestreuen. Den Teigrand leicht nach innen biegen. Bei 175 Grad (Umluft 160 Grad) auf der untersten Schiene mit Ober- und Unterhitze 30 Minuten backen.

▶ Mögliche Laktosequelle

Marzipan

Tipp

Servieren Sie ein Stück Tarte als Nachtisch mit einer Kugel selbstgemachtem Eis.

▶ Rotweinkuchen

Marmorkuchen

Ein Klassiker, der bei keinem Kaffeekränzchen fehlen sollte.

▶ Für 1 Kuchen
Gelingt leicht
15 Min. + 60 Min. Backzeit
300 g laktosefreie Margarine · 3 Eier · Salz · 275 g Zucker · 1 Pck. Vanillinzucker · 1 Fläschchen Rumaroma · 500 g Dinkelmehl · 1 Pck. Backpulver · 125 ml Sojadrink (oder Wasser) · 2 EL reines Kakaopulver · 2 EL Sojadrink

- Margarine geschmeidig rühren. Eier, Salz, Zucker, Vanillinzucker und Rumaroma unterrühren.
- Mehl und Backpulver vermischen, abwechselnd mit dem Sojadrink der Masse zugeben und mit dem Handrührgerät verrühren. ⅔ des Teiges in eine gefettete Napfkuchenform geben.
- 2 EL Sojadrink mit dem Kakaopulver vermischen, in das restliche Teigdrittel einrühren. Mit einer Gabel vorsichtig den dunklen Teig spiralförmig durch die helle Teigschicht ziehen. Den Kuchen bei 180 Grad (Umluft 160 Grad) ca. 60 Minuten backen.

▶ Mögliche Laktosequelle
Kakaopulver, Margarine, Vanillinzucker, Backpulver

◀ Marmorkuchen

Eierlikörkuchen

Je dickflüssiger der Eierlikör, desto besser gelingt der Kuchen.

▶ Für 1 Kuchen
Geht schnell
15 Min. + 60 Min. Backzeit
¼ l Rapsöl · ¼ l Eierlikör · 4 Eier · 125 g Mehl · 125 g Mais- oder Kartoffelstärke · 1 Päckchen Backpulver · 1 Pr. gemahlene Vanille oder das Mark einer Vanilleschote · 250 g Puderzucker · laktosefreie Margarine für die Form

- Alle Zutaten gründlich vermischen, bis ein sämiger Brei entsteht. Eine Kastenform fetten oder mit Backpapier auslegen. Teig einfüllen. Im Backofen bei 175 Grad (Umluft 160 Grad) auf der untersten Schiene etwa 60 Minuten backen.
- Mit einem langen, dünnen Metallspieß vorsichtig in den Kuchen stechen. Bleiben Krümel am Spieß kleben, ist der Kuchen noch nicht durch. Wiederholen Sie diesen Test an mehreren Stellen. Erst wenn keine Krümel mehr am Spieß haften bleiben, ist Ihr Kuchen fertig gebacken.
- Wichtig: Je nach verwendetem Eierlikör kann der Teig flüssiger ausfallen. Dann die Garzeit verlängern und mit Folie abdecken.

▶ Mögliche Laktosequelle
gemahlene Vanille, Margarine, Eierlikör, Backpulver

Nusskuchen

Nussallergiker ersetzen die Haselnüsse durch Chufa-Flocken.

▶ Für 1 Kuchen
Gelingt leicht
15 Min. + 60 Min. Backzeit
150 g laktosefreie Margarine · 100 g Zucker · 1 Päckchen Vanillezucker · 2 Eier · 1 Pr. Salz · 1 Vanilleschote · 50 g gemahlene Haselnüsse oder Mandeln · 130 g Mehl · 1 TL Backpulver · 2 EL Rum · etwas Paniermehl für die Form

- Aus oben genannten Zutaten einen Rührteig herstellen: Margarine, Zucker, Vanillezucker und Eier schaumig rühren. Das Salz und das ausgekratzte Mark der Vanilleschote hinzufügen. Die gemahlenen Haselnüsse einrühren, Mehl und Backpulver hinzugeben. Die 2 EL Rum unterrühren.
- Eine Gugelhupfform gut einfetten und mit dem Paniermehl bestäuben, dann den Teig einfüllen. Den Kuchen bei 150 Grad (Umluft 135 Grad) 60–70 Min. auf der unteren Schiene bei Ober- und Unterhitze backen. Gut auskühlen lassen und erst kurz vor dem Servieren mit Puderzucker bestäuben.

▶ Mögliche Laktosequelle
Margarine, Backpulver, Vanillezucker, Paniermehl

Apfelkuchen mit Weinguss

Je nach Weißwein können Sie den Geschmack des Kuchens variieren.

▶ Für 1 Kuchen
Braucht etwas mehr Zeit
30 Min. + 60 Min. Backzeit
Für den Teig: 120 g laktosefreie Margarine · 60 g Zucker · 1 Päckchen Vanillezucker · 1 Ei · 1 Pr. Salz · 1 Vanilleschote · 180 g Mehl · 1 Msp. Backpulver
Für den Belag: 7 – 8 Kochäpfel · 2 Päckchen Vanillepudding zum Kochen (z. B. Naturana) · 250 g Zucker · ¾ l Weißwein · Puderzucker zum Bestäuben

- Für den Teig Margarine, Zucker, Vanillezucker, Ei, Salz und Mark der Vanilleschote schaumig rühren. Mehl und Backpulver untermischen. Eine Springform (Ø 26 cm) einfetten. Den Boden der Springform mit Backpapier auslegen, den Knetteig einfüllen.
- Für die Füllung die Äpfel schälen, entkernen, achteln und in den Teig drücken. Vanillepuddingpulver mit dem Zucker und ¾ l Weißwein (oder Saft) aufkochen. Über die Äpfel in der Form gießen. Den Ofen auf 175 Grad (Umluft 160 Grad) vorheizen. Auf der unteren Schiene 60–70 Min. backen.

▶ Mögliche Laktosequelle
Backpulver, Puddingpulver, Vanillezucker

Omas Streuselkuchen

Ein Klassiker, den Sie prima zum Nachmittagskaffee backen können.

▶ Für 1 Kuchen
Preisgünstig
20 Min. + 80 Min. Garzeit
Für den Teig: 120 g laktosefreie Margarine · 1 Ei · 1 Pr. Salz · 60 g Zucker · 1 Päckchen Vanillezucker · 1 Msp. Backpulver · 180 g Mehl
Für die Streusel: 120 – 170 g laktosefreie Margarine (z. B. Alsan S) · 150 g Zucker · 1 Päckchen Vanillezucker · ½ Vanilleschote · 1 Pr. Zimt · 300 g Weizenmehl

- Für den Teig Margarine, Ei, Zucker, Salz und Vanillezucker schaumig rühren. Mehl und Backpulver erst vermischen, dann in die Teigmasse einrühren.
- Für die Streusel Margarine, Zucker, Vanillezucker mischen. Das Mark der Vanilleschote herauskratzen. Vanillemark, Zimt und Mehl mit den Fingern einarbeiten und mit den Händen zu Streuseln kneten.
- Eine Springform (Ø 26 cm) einfetten. Den Boden mit Backpapier auslegen. Den Teig einfüllen, über dem Knetteig die Streusel flockig verteilen. Den Ofen auf 170–190 Grad (Umluft 150–170 Grad) vorheizen. Den Kuchen auf der untersten Schiene 80–90 Min. backen.

▶ Mögliche Laktosequelle
Backpulver, Vanillezucker

Obsttorte fix

Erfrischend an Sommertagen, wenn man die Torte kurz anfriert!

▶ Für 1 Kuchen
Gelingt leicht
15 Min. + 12 Stunden Ruhezeit
1 Biskuitboden (Lieken) · 500 g Soja-Joghurtalternative mit Fruchtgeschmack · 500 g Erdbeeren oder 1 große Dose Aprikosenstückchen · 1 Beutel gemahlene Gelatine

- Aus dem Biskuitboden mit einer Tortenhilfe einen 26 cm großen Kreis stanzen. Anschließend den Metallring um den Boden legen. Die Tortenbodenreste zerbröseln und in die Joghurtmasse einrühren. Erdbeeren waschen und putzen, dicht nebeneinander auf den Biskuitboden schichten. Dosenobst abtropfen lassen und auf dem Biskuit verteilen.
- Gelatine nach Packungsanweisung mit wenig Obstsaft oder Wasser erwärmen und in die Joghurtmasse einrühren. Diese vorsichtig auf dem Obst verteilen. Mit schönen Früchten garnieren. Die Torte gut verschlossen 12 Stunden im Kühlschrank ruhen lassen.

▶ Mögliche Laktosequelle
Biskuitboden, Dosenobst, Gelatine

Mürbeteig-Torteletts

Prima für den Vorrat – die Torteletts lassen sich problemlos einfrieren.

▶ Für 12 Stück

Gelingt leicht

15 Min. + 60 Min. Backzeit

Für den Teig: 50 g Zucker · 100 g laktosefreie Margarine · 150 g Mehl · 1 Ei

Für den Belag: 1 großer Becher Soja-Joghurtalternative Vanille · Pfirsiche (frisch oder aus der Dose)

- Margarine in Stückchen schneiden und rasch mit dem Mehl, dem Zucker und dem Ei zu einem Teig verkneten. Den Teig zu einer Kugel formen, in Frischhaltefolie wickeln und 1 Stunde kühl stellen.
- Den Mürbeteig ausrollen und in die ausgefetteten Tortelettförmchen einlegen. Mit einer Gabel den Boden mehrfach einstechen und im vorgeheizten Backofen bei 200 Grad (Umluft 180 Grad) bei Ober- und Unterhitze auf der unteren Schiene etwa 15–20 Min. goldbraun backen.
- Die ausgekühlten Böden mit der Vanille-Soja-Joghurtalternative auffüllen und mit Pfirsichspalten belegen.

Churros

Das Schmalzgebäck stammt aus Spanien und wird gerne in geschmolzene Schokolade getunkt.

▶ Für 4 Personen

Preisgünstig **45 Min.**

1 Pr. Salz · ¼ TL Safran · 300 g Mehl · Öl zum Frittieren · Zucker

- Salz und Safran in 500 ml Wasser aufkochen, dann von der Kochstelle nehmen. Mehl in den Topf geben und mit den Knethaken des Handrührgeräts verrühren, bis sich der Teig als fester Kloß vom Topfboden löst. Anschließend 10 Min. ruhen lassen.
- Mit einer Spritztülle Teigkringel auf Backpapier aufspritzen, Öl in der Pfanne erhitzen. Die Churros vom Papier aus in das heiße Fett befördern. Pfanne mit einem Deckel schließen und Kringel nach 3 Min. wenden. Herausnehmen, wenn sie goldgelb sind. In Zucker wenden.

Tipp

Churros können Sie auch in der Friteuse zubereiten. Dafür formt man besser keine Kringel, sondern 4–5 cm lange Teigwürste.

Apfel-Zimt-Waffeln

Dank der Äpfel im Teig sind die Waffeln besonders saftig.

▶ Für 12 Stücke

Leicht vorzubereiten

weizenfrei · glutenfrei

15 Min. + 3 Min. Backzeit pro Waffel

2 Äpfel · 150 g laktosefreie Margarine (Vitasieg oder Alsan) · 200 g Zucker · 4 Eier · 100 g Mondamin (reine Speisestärke) · 150 g Kartoffelstärke · ½ TL Salz · 1 gestr. TL Backpulver · 1 gestr. TL Zimt

- Äpfel schälen und in möglichst kleine Würfel schneiden, beiseite stellen. Margarine mit Zucker und Eiern schaumig rühren. Mondamin und Kartoffelstärke hinzufügen, so lange rühren, bis keine Klümpchen mehr vorhanden sind. Die restlichen Zutaten und zum Schluss die Apfelstückchen dazugeben. Im heißen Waffeleisen ausbacken.

▶ Mögliche Laktosequelle

Backpulver, Mondamin

▶ Das passt dazu

Mit Apfelgelee (S. 33), Puderzucker oder laktosefreier Sahne schmecken die Waffeln prima.

Eierplätzchen

Ausstecherkekse einmal etwas anders.

▶ Für 4–5 Bleche

Gelingt leicht

15 Min. + 15 Min. Backzeit

160 g feste laktosefreie Margarine (Alsan S) · 3 Eigelb · 125 g Puderzucker · 1 Päckchen Vanillezucker · 1 Pr. Salz · 1 Vanilleschote · 1 Pr. Zimt · 5 Tropfen Backaroma, Rum · 3 Eier, hart gekocht · 50 g abgezogene gemahlene Mandeln · 200 g Mehl · 1 TL Backpulver · 1 Eigelb zum Bestreichen

- Margarine, Eigelb, Puderzucker, Vanillezucker, Salz, Mark der Vanilleschote, Zimt und Backaroma kräftig verrühren. Hart gekochte Eier schälen, das Eigelb durch ein Sieb streichen. Das Eiweiß wird nicht verwendet. Eimasse und die gemahlenen Mandeln in den Teig geben. Alles gut mischen.
- Mehl und Backpulver dazugeben und zu einem Teig verkneten, 2 Stunden kalt stellen, anschließend ausrollen und Plätzchen ausstechen. Ausstecher auf ein mit Backpapier ausgelegtes Backblech setzen. Den Ofen auf 170 Grad vorheizen. Bei Ober- und Unterhitze auf der untersten Einschubhöhe etwa 10–15 Min. backen. Anschließend sofort mit Eigelb bestreichen.

▶ Mögliche Laktosequelle

Backaroma, Vanillezucker

Dinkelvollkornkekse

Schön nussig, dank Dinkelvollkornmehl.

▶ Für 2 – 3 Bleche

Braucht etwas mehr Zeit

15 Min. + 2 Stunden Ruhezeit + 10 Min. Backzeit

200 g laktosefreie Margarine · 1 Ei · 1 Eigelb · 1 Päckchen Vanillezucker · 1 Pr. Salz · 1 Vanilleschote · 120 g Puderzucker · 300 g Dinkelvollkornmehl · 1 TL Backpulver · Himbeerkonfitüre zum Bestreichen

- Margarine, Ei, Eigelb, Vanillezucker, Salz, Mark der Vanilleschote und Puderzucker schaumig rühren. Dinkelmehl und Backpulver vermischen und mit dem Teig verkneten. Im Kühlschrank 2 Stunden kalt stellen.
- Spritztülle mit Teig füllen und kleine Tupfen auf ein mit Backpapier ausgelegtes Backblech spritzen (oder den Fleischwolf mit Gebäckvorsatz verwenden). Den Ofen auf 200 Grad vorheizen, bei Ober- und Unterhitze auf der untersten Einschubhöhe etwa 10 Min. backen. Nach dem Backen sofort mit Himbeerkonfitüre bestreichen.

Tipp

Verwenden Sie möglichst feste Margarine, z. B. Alsan S, da der Teig schnell zerläuft.

▶ Mögliche Laktosequelle

Backpulver, Vanillezucker

Spritzgebäck

Für viele ist Spritzgebäck das liebste Weihnachtsgebäck.

▶ Für 5 – 6 Bleche

Gelingt leicht

15 Min. + 10 Min. Backzeit

300 g feste laktosefreie Margarine (Alsan S) · 200 g Zucker · 2 Päckchen Vanillezucker · 1 Vanilleschote · 3 Eigelb · 200 g gemahlene Haselnüsse oder Mandeln · 300 g Mehl · 2 TL Backpulver

- Margarine, Zucker, Vanillezucker, Mark der Vanilleschote und Eigelb schaumig rühren. Haselnüsse unterrühren. Mehl mit dem Backpulver vermischen und langsam in den Teig einrühren. Den Teig 2 Stunden kalt stellen, wenn möglich, bis zum nächsten Tag.
- Teig durch den Fleischwolf mit Gebäckvorsatz drehen und auf ein mit Backpapier ausgelegtes Backblech legen. Im vorgeheizten Ofen bei 200 Grad (Umluft 180 Grad) auf der mittleren Einschubhöhe 10 Min backen.

▶ Mögliche Laktosequelle

Backpulver, Vanillezucker, Zartbitterschokolade

Tipp

Mit Puderzuckerguss, Rumglasur oder Schokolade verzieren und schon haben Sie eine wunderbare Plätzchenvielfalt. Nussallergiker verwenden Chufa-Flocken.

Anisplätzchen

Mit feinem Anisaroma und herzhaftem Dinkelvollkornmehl.

▶ Für 3 – 4 Bleche

Gelingt leicht

10 Min. + 10 Min. Backzeit

2 Eier · 200 g Puderzucker · 1 Päckchen Vanillezucker · Mark von 1 Vanilleschote · 2 TL Anispulver · 225 g Dinkelvollkornmehl

- Eier und Puderzucker miteinander verrühren. Die restlichen Zutaten untermischen, Mehl langsam zugeben. Teig ausrollen, mit Plätzchenformen ausstechen, auf gefettete Bleche legen.
- Im vorgeheizten Ofen bei 160 Grad (Umluft) auf der Einschubhöhe 1 und 3 oder mit Ober- und Unterhitze bei 180 Grad auf der mittleren Einschubhöhe etwa 10 Min. backen.

▶ Mögliche Laktosequelle

Backpulver, Vanillezucker

Marzipanbrezeln

Zarte Brezeln zum Genießen – nicht nur zu Weihnachten!

▶ Für 3 – 4 Bleche

Braucht etwas mehr Zeit weizenfrei · glutenfrei

20 Min. + 2 Stunden Ruhezeit + 15 Min. Backzeit

1 Ei · 2 EL Speisestärke · 1 Msp. Backpulver · 60 g Puderzucker · 2 Tropfen Bittermandelöl · 1 Tropfen Rumaroma · 250 g Marzipanrohmasse · 1 Eigelb · 2 EL Rum · 100 g gehobelte Mandeln

- Ei trennen und das Eiweiß steif schlagen. Speisestärke und Backpulver mischen, unter den Eischnee heben. Puderzucker sieben, Rumaroma und Bittermandelöl zum Puderzucker geben, anschließend alles unter die Eischneemasse heben.
- Marzipan grob raspeln, dann mit der Teigmasse verrühren, bis ein glatter Teig entsteht. Von dieser Masse mit einem Teelöffel walnussgroße Teigstücke abstechen. Daraus jeweils kleine Brezeln formen und auf ein mit Backpapier ausgelegtes Blech setzen. Eigelb und Rum verquirlen.
- Die Brezeln mit der Eigelb-Rum-Masse bestreichen und sofort mit den gehobelten Mandeln bestreuen. Etwa 2 Stunden stehen lassen. Im Ofen bei 200 Grad (Umluft 180 Grad) auf der mittleren Einschubhöhe 10–15 Min. backen.

▶ Mögliche Laktosequelle

Backpulver, Marzipanrohmasse, Speisestärke

Pfaffenhütchen

Die Form der Plätzchen erinnert an die alten Dreispitzhüte der Pfarrer.

▶ Für 2 – 3 Bleche

Gut vorzubereiten 30 Min. + 60 Min. Ruhezeit + 12 Min. Backzeit

Für den Teig: 175 g Mehl · 60 g Puderzucker · 1 Pr. Salz · 1 Päckchen Bourbon-Vanillezucker · 1 Eigelb · 1 Pr. Zimt · 120 g Margarine (Alsan)

Für die Füllung: 200 g Marzipanrohmasse · 100 g Orangeat · Saft einer halben Zitrone

Für die Glasur: Saft von ½ Zitrone oder 2 – 3 EL Rum · Puderzucker

- Mehl, Puderzucker, Salz, Vanillezucker, Zimt und Eigelb, Margarine in kleinen Flöckchen zu einem Teig verkneten. In Folie einwickeln und 1 Stunde im Kühlschrank ruhen lassen. Marzipan in kleine Würfel schneiden, mit dem Orangeat und Zitronensaft mischen.
- Den Ofen auf 200 Grad (Umluft 180 Grad) vorheizen. Den Teig dünn ausrollen und mit einem Glas Kreise ausstechen (Ø 5 cm). In die Mitte der Teigkreise kleine Kugeln der Marzipan-Orangeat-Masse setzen. Jeweils drei Seiten hochklappen, sodass kleine Dreiecke entstehen. Die spitzen Enden leicht breit drücken. Auf ein mit Backpapier ausgelegtes Backblech setzen.
- Die Pfaffenhütchen 8–12 Min. backen. Aus Zitronensaft bzw. Rum und Puderzucker eine dickflüssige Glasur rühren und die Kekse sofort damit bestreichen.

Tipp

Behalten Sie die Plätzchen beim Backen im Auge, denn je nach Margarinensorte bräunen sie sehr schnell! Je fester die Margarine, desto besser halten die Plätzchen die Form.

▶ Mögliche Laktosequelle

Backpulver, Marzipan, Orangeat, Vanillezucker

▶ Pfaffenhütchen

Walnussbrot

Für alle Nussfans, liefert wertvolle Energie für den ganzen Tag.

▶ Für 1 Brot

Braucht etwas mehr Zeit

30 Min. + 60 Min. Ruhezeit + 60 Min. Backzeit

100 g Margarine (z. B. Alsan S) · 600 g Dinkelmehl · ½ Würfel Frischhefe · ½ TL Honig (z. B. Tannenhonig) · 100 ml lauwarmes Wasser · 200 ml lauwarmer Sojadrink · 2 TL Salz · Brotgewürz · 300 g gehackte Walnüsse

- Margarine in einer Pfanne schmelzen. 1 EL Margarine zurückbehalten. Den Hefeteig ansetzen: Mehl und Hefe, Wasser, Sojadrink und zerlassene Margarine verkneten (S. 62). Salz und Brotgewürz dazugeben.
- Mindestens 30 Min. an einem warmen Ort gehen lassen. Backofen auf 200 Grad (Umluft 180 Grad) vorheizen. Walnüsse unterkneten, den Teig nochmals gehen lassen.
- Teig in eine ausgefettete Kastenform füllen und das Ganze 40 Min. backen. Nach 40 Minuten die restliche Margarine mit einem Pinsel auf das Brot streichen und weitere 10 – 15 Min. backen.

▶ Mögliche Laktosequelle

Brotgewürz, Margarine

◀ Walnussbrot

Würziger Speckhupf

Kuchen einmal anders – würzig nussig – ein Partyrenner.

▶ Für 1 Guglhupf

Braucht etwas mehr Zeit

30 Min. + 20 Min. Ruhezeit + 55 Min. Backzeit

500 g Dinkelmehl · 1 EL Zucker · 1 Pck. Trockenhefe · 250 ml Sojadrink oder Mandeldrink · 50 g Margarine · 1 TL Salz · 1 Ei · 100 g gewürfeltes Dörrfleisch · 10 Walnüsse · Paniermehl

- Mit Mehl, Sojadrink, Zucker und Hefe, Salz, Ei einen klassischen Hefeteig ansetzen (S. 62). Den Teig durchkneten und anschließend Teig an einem warmen Ort gut gehen lassen. Walnüsse bemehlen und zusammen mit dem Dörrfleisch in den Teig einarbeiten.
- Gugelhupfform mit Margarine bestreichen und Paniermehl ausstreuen. Den Teig in die Form geben und nochmals gut gehen lassen.
- Backofen auf 200 Grad (Umluft 180 Grad) vorheizen, Speckhupf darin ca. 40 Min. backen. 15 Min. im Ofen ruhen lassen, dann auskühlen lassen und stürzen.

▶ Mögliche Laktosequelle

Paniermehl, Margarine

Tipp

Passt gut zu Salat oder zu einem weinseligen Abend.

Rosmarinbrot

Damit es bald auch in Ihrer Küche nach frischem Brot duften kann.

▶ Für 1 Brot

Geht schnell

15 Min. + 40 Min. Backzeit

500 g Dinkelmehl · 1 Päckchen Backpulver · 1 TL Salz · 2 – 3 EL Zucker · 3 EL Rosmarinnadeln · 80 g laktosefreie Margarine (Vitasieg) · 250 ml warmes Wasser

- Mehl, Backpulver, Salz, Zucker und Rosmarin mischen. Margarine in kleinen Stückchen darüber verteilen, langsam das Wasser unter Rühren hinzugeben. Kräftig mit dem Handrührgerät durchkneten.
- Eine Kastenform (20 cm) mit Backpapier auslegen und die Nahtstellen fetten. Den Teig einfüllen. Im auf 220 Grad vorgeheizten Backofen (Umluft 200 Grad) auf der untersten Einschubhöhe 20 Min. backen, dann mit Alufolie abdecken und weitere 15–20 Min. backen.

▶ Mögliche Laktosequelle

Backpulver

Für Gäste

Auch wenn Sie auf die klassische Käseplatte verzichten müssen, es gibt köstliche Alternativen, die ich für Sie zusammengestellt habe – da wird keiner Ihrer Gäste dem Käse nachweinen. Keine Sorge, es wird niemandem auffallen, dass Sie anders kochen. Im Gegenteil: Halten Sie schon einmal die Rezepte parat – Sie werden bestimmt danach gefragt. Als Appetitanreger oder kleine Nascherei zum Rotwein eignen sich immer Bruschetta (S. 53) oder frischgebackene Flammkuchen (S. 54).

Partybüfett

Ob Stehempfang mit Fingerfood oder Party mit reichhaltigem Büfett, beides hat seine Vorteile. Hier eine Ideenauswahl für beide Events.

S. 46 Guacamole
S. 48 Tsatsiki
S. 46 Tomatenmayonnaise
S. 49 Kalte Dormfelder-Sauce
S. 54 Flammkuchen-Wrap
S. 52 Gefüllte Pitataschen
S. 72 Mediterrane Frikadellen
S. 111 Walnussbrot
S. 53 Rostbeef-Röllchen
S. 53 Spargel-Schinken-Röllchen
S. 54 Flammkuchen-Häppchen
S. 40 Rote-Bete-Kartoffel-Salat
S. 39 Rindfleischsalat
S. 41 Kartoffelsalat
S. 38 Nudelsalat mit Steinpilzen
S. 71 Chili con Carne
S. 71 Gefüllte Paprika
S. 97 Marzipanparfait
S. 94 Beschwipste Mousse au Chocolat
S. 95 Wackel-Apfel
S. 111 Würziger Speckhupf

Immer lecker: Karotten-, Kohlrabi-, Paprika- und Gurkensticks, Selleriestängelchen, Chicoreeblätter, Wurst- und Bratenröllchen mit Dips.

Italienisches Sommermenü

Lavendelblüten verströmen ihren Duft, der Geruch von Thymian und Oregano liegt in der Sommerluft. Zeit für ein italienisches Mittagessen.

S. 53 Bruschetta
S. 40 Blütenkräutersalat
S. 36 Bohnen-Zucchini-Suppe mit Petersilienpesto
S. 58 Parpadalle mit Hackfleisch, Oliven und Paprika
S. 96 Zitronensorbet

Zum Grillfest

Laue Sommerabende, der Grill steht bereit, Zeit für Freunde und geselliges Beisammensein!

S. 43 Bunte Sommersalate mit diversen Dressings
S. 41 Kartoffelsalat
S. 80 Rosmarinkartöffelchen
S. 74 Gegrillter Steinbutt
S. 49 Auberginen und Zucchini mariniert in Gewürzöl
S. 97 Eisvariationen
S. 39 Kräuterbaguette

Festliche Weihnachten

Weihnachtsduft zieht durch das Haus, die Festtagstafel ist eingedeckt. Erwartungsvolle Spannung herrscht im Raum.

S. 37 Kräutersüppchen
S. 73 Hirschgulasch
S. 82 Kartoffelgratin
S. 97 Marzipanparfait

Für den besonderen Anlass

Ob Geburtstag, Hochzeits- oder Jahrestag. Mit diesem Menüvorschlag können Sie stilvoll Ihren Tag begehen.

S. 40 Blütenkräutersalat
S. 34 Kürbissuppe
S. 73 Wildschwein-Medaillons mit Waldpilzen
S. 94 Beschwipste Mousse au Chocolat

Adressen, die weiterhelfen

Sollten Sie noch immer unsicher sein, gibt es dank dem Internet noch einige hilfreiche Links, die Ihnen weiterhelfen können. Wir haben Sie alphabetisch geordnet, um Ihnen die Suche zu erleichtern.

www.allergieinfo.de

www.allergiefreiessen.de

www.allergiewelt.com

www.calcium-institut.ch

www.daab.de

www.dge.de

www.foodaktuell.ch

www.ernaehrungs-forum.com

www.gesundheitstrends.de

www.gastro-liga.de

www.gesundheitshilfe.de

www.laktonova.de

www.latosefreie-schokolade.de

www.landmetzgerei-argus.de

www.libase.de

www.medizinverlage.de

www.neuform.de

www.swangolt.de

www.soyatoo.de

www.vegetarisch-einkaufen.de

www.waswiressen.de

www.zoeliakie-treff.de

www.zusatzstoffe-online.de

Deutscher Allergie- und Asthmabund e.V. (DAAB)
Fliethstr. 114
41061 Mönchengladbach
Tel. (02161) 814940
E-Mail: info@daab.de

Deutsche Zöliakie-Gesellschaft e.V.
Kupferstr. 36
70565 Stuttgart
Tel. (0711) 4599810
E-Mail: info@dzg-online.de

Deutsche Gesellschaft für Ernährung e.V.
Godesberger Allee 18
53175 Bonn
Tel. (0228) 3776600
Internet: www.dge.de

Weiterführende und empfehlenswerte Literatur

Laktose-Intoleranz: Wenn Milchzucker krank macht, Thilo Schleip, TRIAS 2010

Richtig einkaufen bei Laktose-Intoleranz, Karin Hofele, TRIAS 2008

Wegweiser Nahrungsmittel-Intoleranzen, Maximilian Ledochowski, TRIAS 2009

Köstlich essen ohne Milch & Ei, Beate Schmitt, TRIAS 2011

Zöliakie – Einfach auf glutenfrei umstellen, Andrea Hiller, TRIAS 2012

Köstlich essen bei Zöliakie, Andrea Hiller, TRIAS 2010

Lexikon der Kräuter und Gewürze, Ulrike Bültjer, Bassermann 2006

Liebe Leserin, lieber Leser

Sie haben durch dieses Buch inzwischen festgestellt, dass es auch ohne Laktose geht. Ich möchte Sie ermutigen, zu experimentieren und weiterzumachen. Probieren Sie ruhig unbekannte Rezepte aus, in denen Sie die für Sie unverträglichen Produkte entsprechend ersetzen. In diesem Buch habe ich versucht, ein möglichst breites Spektrum an Lesern anzusprechen.

Auch Milcheiweiß-Allergiker können dieses Buch unbesorgt zur Hand nehmen. Wenn Sie eine ausführlichere Einkaufsliste benötigen, können Sie gerne auf das Buch meiner Kollegin Karin Hofele zurückgreifen (siehe Buchtipps S. 113). Mein Ziel war, ein Buch zu schreiben, das kurz und bündig die wichtigsten Fragen klärt und mit Rezepten eine Soforthilfe nach der Diagnose bietet. Sie werden merken, dass ich aufgrund meiner Glutamat-Allergie (Geschmacksverstärker) weitgehend auf sogenannte Convenience-Produkte (Fertigprodukte) verzichte. Das ist Macht der Gewohnheit. Erfreulicherweise gibt es inzwischen einige Hersteller, die ihre Produkte ohne Geschmacksverstärker anbieten. Selbstverständlich können Sie auf diese Fertigprodukte zurückgreifen, wenn diese auch ohne Laktose sind. Umfangreiche Informationen dazu finden Sie im Internet. Entsprechende Links sind in diesem Buch im Anhang (Seite 113) aufgeführt.

Danken möchte ich meiner Familie, die mir tatkräftig bei der Verwirklichung dieses Buches geholfen hat. Nicht nur durch Schreiben, sondern durch unermüdliches Testen meiner Rezepte. Bisweilen brauchte die optimale Verwirklichung eines Rezeptes mehrere Versuche, die gegessen werden mussten. Ihre Geschmacksnerven wurden unermüdlich strapaziert – keine Sorge, die Rezepte der »Durchgefallenen« finden Sie nicht in diesem Buch!

Besonderer Dank gilt meiner Programmplanerin Uta Spieldiener. Sie ermöglichte, dass ich den Theorieteil so schreiben konnte, wie ich es mir immer vorgestellt habe. Nicht vergessen möchte ich auch meine Lektorin Anja Fleischhauer, die unermüdlich am Text gearbeitet und ihm seine Form gegeben hat und meine Schreib- und Rezeptfehler ausgleichen musste.

Christiane Hof

Rezept- und Zutatenverzeichnis

Stichwortverzeichnis

Bibliografische Information der Deutschen Nationalbibliothek
Die Deutsche Nationalbibliothek verzeichnet diese Publikation in der Deutschen Nationalbibliografie; detaillierte bibliografische Daten sind im Internet über http://dnb.d-nb.de abrufbar.

Programmplanung: Uta Spieldiener

Redaktion und Bildredaktion: Anja Fleischhauer

Umschlaggestaltung und Innenlayout:
Cyclus · Visuelle Kommunikation, Stuttgart

Bildnachweis:
Umschlagfoto vorn: Stockfood
Umschlagfotos hinten: Chris Meier, Stuttgart
Fotos im Innenteil: Corbis: S. 20 oben, 21 2. Bild von oben, 21 unten; Creativ Collection: S. 20 2. Bild von oben; Emotive/F1online: S. 19; Fancy Healthy Food: S. 20 unten, 21 Mitte und 2. Bild von unten; Fotolia: S. 24, 25 rechts; Image Source: S. 16; Chris Meier, Stuttgart: S. 2/3, 4/5, 12/13, 20 Mitte und 2. Bild von unten, 22/23, 25 links, 26/27, 29, 31, 32, 34/35, 38, 41, 42, 45, 47, 48, 51, 52, 55, 56/57, 60, 63, 64, 67, 68, 70, 72, 75, 79, 80/81, 83, 86, 90/91, 93, 94, 96, 98/99, 101, 102, 105, 109, 110; Onoky/F1online: S. 6, 10, 21 oben; Pixland: S. 18

Die abgebildeten Personen haben in keiner Weise etwas mit der Krankheit zu tun.

2. vollständig berarbeitete Auflage 2013

Printed in Germany

Repro: Ziegler und Müller, Kirchentellinsfurt
Satz: Ziegler und Müller, Kirchentellinsfurt
gesetzt in: APP/3B2, Version 9.1 Unicode
Druck: AZ Druck und Datentechnik GmbH, Kempten

Gedruckt auf chlorfrei gebleichtem Papier

ISBN 978-3-8304-6061-9 1 2 3 4 5 6
Auch erhältlich als E-Book:
eISBN (PDF) 978-3-8304-6062-6
eISBN (ePUB) 978-3-8304-6554-6

Wichtiger Hinweis: Wie jede Wissenschaft ist die Medizin ständigen Entwicklungen unterworfen. Forschung und klinische Erfahrung erweitern unsere Erkenntnisse, insbesondere was Behandlung und medikamentöse Therapie anbelangt. Soweit in diesem Werk eine Dosierung oder eine Applikation erwähnt wird, darf der Leser zwar darauf vertrauen, dass Autoren, Herausgeber und Verlag große Sorgfalt darauf verwandt haben, dass diese Angabe dem **Wissensstand bei Fertigstellung des Werkes** entspricht.

Die Ratschläge und Empfehlungen dieses Buches wurden von Autor und Verlag nach bestem Wissen und Gewissen erarbeitet und sorgfältig geprüft. Dennoch kann eine Garantie nicht übernommen werden. Eine Haftung des Autors, des Verlages oder seiner Beauftragten für Personen-, Sach- oder Vermögensschäden ist ausgeschlossen.

Geschützte Warennamen (Marken) werden **nicht** besonders kenntlich gemacht. Aus dem Fehlen eines solchen Hinweises kann also nicht geschlossen werden, dass es sich um einen freien Warennamen handelt.

Das Rezept zum Coverfoto finden Sie auf S. 37.

SERVICE

Liebe Leserin, lieber Leser,

hat Ihnen dieses Buch weitergeholfen? Für Anregungen, Kritik, aber auch für Lob sind wir offen.
So können wir in Zukunft noch besser auf Ihre Wünsche eingehen. Schreiben Sie uns, denn Ihre Meinung zählt!

Ihr TRIAS Verlag
E-Mail-Leserservice: heike.schmid@medizinverlage.de
Lektorat TRIAS Verlag, Postfach 30 05 04, 70445 Stuttgart, Fax: 0711 89 31-748

MinusL Laktosefrei
Meine Laktose-Freiheit!
Ich hatte immer so Bauchweh! Das war wegen der Laktose in der Milch. Jetzt trinke ich Minus L und mir geht's gut!
MILCH
haltbar
1,5% Fett
BUTTER
JOGHURT MILD
JOGHURT
Nuss-Nougat Creme
SCHLAGSAHNE
Kräutercreme